FILOSOFÍA DE LA FINITUD

JOAN-CARLES MÈLICH

FILOSOFÍA DE LA FINITUD

Herder

Diseño de portada: Michel Tofahrn

© 2011, Joan-Carles Mèlich
© 2011, Herder Editorial, S.L., *Barcelona*

ISBN: 978-84-254-2864-7

La reproducción total o parcial de esta obra sin el consentimiento expreso de los titulares del *Copyright* está prohibida al amparo de la legislación vigente.

Imprenta: Reinbook
Depósito legal: B - 81 - 2012
Printed in Spain - Impreso en España

Herder
www.herdereditorial.com

Per la Tona i l'Helena

Índice

Introducción: Sobre la finitud, los acontecimientos, los espectros y otras inquietudes 13

Pórtico: Presencias inquietantes 21

1. La brevedad de la vida 35

2. Vivimos en un mundo interpretado 43
   - 2.1. Interpretación y finitud humana 44
   - 2.2. El ser humano como un ser de relaciones 47
   - 2.3. Educación *versus* adoctrinamiento 49
   - 2.4. La modernidad como crisis de sentido ... 52

3. La experiencia 57
   - 3.1. La nostalgia del Absoluto 58
   - 3.2. Hacia una razón impura 61
   - 3.3. Experiencia y aprendizaje 67
   - 3.4. Experiencia y narración 70
   - 3.5. Por una pedagogía de la experiencia 75

4. El olvido 79
   - 4.1. La terapia del olvido 80
   - 4.2. El trabajo de la memoria 83
   - 4.3. La crisis de la memoria en la modernidad 86

5. El testimonio 91
   5.1. La herencia del testimonio 92
   5.2. La deferencia hacia el otro 95
   5.3. «Habla también tú» (Paul Celan) 97

6. El mal 103
   6.1. Un mundo de atributos sin hombres 103
   6.2. La experiencia del mal radical 107
   6.3. La moderna geografía del mal 110

7. El deseo 117
   7.1. El sueño diurno 117
   7.2. Deseo y literatura 121
   7.3. Hay que aprender a esperar 124

8. El silencio 127
   8.1. Ética y silencio 128
   8.2. Las palabras del silencio 130
   8.3. Más allá de las fronteras de la palabra 131

Telón: El placer 135

Bibliografía 141
Índice onomástico 149

El mayor esfuerzo de la vida es no acostumbrarse a la muerte.

ELIAS CANETTI, *La provincia del hombre*

Lo que pueda alcanzar con una escalera, no me interesa.

LUDWIG WITTGENSTEIN, *Observaciones diversas. Cultura y valor*

Introducción:
Sobre la finitud, los acontecimientos,
los espectros y otras inquietudes

> De todas esas personas, ¿quién soy?
> Depende mucho de la estancia en que me encuentre.
>
> (Virginia Woolf, *Las olas*)

No me han interesado nunca esas filosofías que hablan del espíritu, del conocimiento, de la realidad y de la eternidad al margen del cuerpo, del tiempo y del espacio, de la vida y del mundo, del azar y de la contingencia, del otro y de la muerte. Siempre me han aburrido los sistemas de ideas claras y distintas en los que todo encaja, esos sistemas que seducen por su lógica —a menudo una lógica de lo cruel— pero que no tratan de la existencia finita y mortal. A estas filosofías *metafísicas* no las soporto. En lo que a mí respecta, comienzo a pensar —para decirlo con Unamuno— a partir del hombre de carne y hueso que nace, sufre y muere, sobre todo muere. O, parafraseando a Nietzsche, confieso que llevo toda la vida intentando liberarme del «híbrido de planta y fantasma» que ha recorrido y todavía recorre de cabo a rabo la ética y la pedagogía occidentales.

Para decirlo sin rodeos, me gusta el diario, el aforismo, el apunte y la nota. Me fascinan los preámbulos, los *excursus* y los apéndices. Soy amigo de esos pensadores que, en la estela de Heráclito, han creado un mundo fragmentario: Montaigne, Schopenhauer, Nietzsche, Wittgenstein, Canetti, Derrida... Creo que es necesario perderle el

Filosofía de la finitud

miedo tanto a la idea que surge de repente, que no puede ser ni argumentada ni desarrollada en profundidad, como a su provisionalidad, porque nada de lo que hago puede superarla, porque la provisionalidad es uno de esos *ineludibles* de la condición humana. Me seducen las preguntas que no pueden responderse, las de verdad, ésas me sobrecogen, me infunden respeto y temor. Por eso desconfío de los tratados sistemáticos que tienen respuesta para todo. Admiro la honestidad de los que reconocen humildemente que sus ideas son incompletas y frágiles. (Hace tiempo que creo que la fidelidad a los grandes principios no es un asunto humano, sino algo que se halla más cerca de la inhumanidad, de los infiernos terrenales, de esos infiernos que han dejado una huella imborrable en el siglo XX.)

Desde hace muchos años mis escritos se inician a partir de una experiencia que me atraviesa: la *muerte* —tanto mi propio morir, mi *ir muriendo*, como el de los demás—, y el hecho de que sobrevivo, a mi pesar, a la muerte de los que amo. Sé, desde hace demasiado tiempo, que no tengo más remedio que pensar desde esta experiencia y que es necesario aprender a vivir con las ausencias y con los ausentes, con los *espectros* de los que ya no están y no volverán jamás, con esos espectros que me asedian en los momentos más insospechados, que rompen la dicotomía entre la presencia y la ausencia, con esos que, precisamente porque son espectros, no están del todo presentes ni del todo ausentes...

* * *

En esta atmósfera nació, hace diez años, una primera versión de esta *Filosofía de la finitud* (Barcelona, Herder, 2002). Ya en aquel momento no la imaginé como un escrito entre otros, como un texto que ocuparía un cierto tiempo de mi vida y que más adelante podría dedicarme a otros menesteres. Tanto en ese primer instante como ahora mismo —diez años después, al redactar esta introducción—, sigo pensando que esta *filosofía* constituye la clave de bóveda de todo lo que pensaba y sigo pensando, de todo lo que escribía y sigo escribiendo, de todo lo que me preocupaba y me sigue preocupando y de todo lo que vivía entonces y, de una manera u otra, revivo todavía hoy. Por eso sugiero

Introducción: Sobre la finitud, los acontecimientos, los espectros y otras inquietudes

la posibilidad de que esta *Filosofía de la finitud* se lea como un largo prólogo, como un *texto preliminar*, como un pórtico, y no como un tratado o una investigación. (Porque, dicho sea de paso, hoy, al menos en el ámbito universitario, todo el mundo investiga pero casi nadie lee, estudia o escribe.) No obstante, no quiero dar a entender con esto que esta *Filosofía de la finitud* sea un prólogo a algo más serio o más profundo. Es simplemente un ensayo en medio de otros preámbulos a ideas —poco sistemáticas, porque nunca he tenido voluntad de sistema— que han ido tejiendo poco a poco, casi sin querer, una reflexión antropológica, ética y pedagógica que no pretende ofrecer algo terminado o cerrado, algo susceptible de transmisión sin más, algo que deba ser repetido, estudiado o citado (que además de vanidoso sería insoportable), sino más bien un intento de *dar a pensar* (no de dar algo pensado) y *a sentir* (no de dar algo sentido)… —aunque esto, es verdad, pueda sonar enormemente pretencioso—.

En una palabra, lo que procuro en las páginas que siguen no es otra cosa que dibujar *lo humano* —y, por tanto, también *lo inhumano*, puesto que nunca puede darse lo primero sin la presencia inquietante de lo segundo— desde la *finitud*. Quizá más de uno esperaría que en una introducción como ésta se definiera desde el comienzo qué se entiende con esta palabra, que, como digo, constituye el punto de partida de todo lo que he escrito hasta ahora y, con toda seguridad, se convertirá en la base de obras posteriores. Voy a intentarlo, aunque ya advierto que es imposible dar una definición clara y distinta.

* * *

Diré, para empezar, que para mí *finitud* es sinónimo de *vida*. Y habría que subrayar algo más: no hay que identificar, como suele hacerse de forma apresurada, *muerte* con *finitud*. Es necesario dejar bien claro, aun a riesgo de ser reiterativo (y pesado, también, claro, demasiado pesado), que *la finitud no es la muerte sino la vida*.

Somos finitos porque vivimos y, por lo tanto, porque nacemos y heredamos, porque somos el resultado del azar y de la contingencia, porque no tenemos más remedio que elegir en medio de una terrible

Filosofía de la finitud

y dolorosa incertidumbre, porque somos más lo que nos sucede (los *acontecimientos*) que lo que hacemos, proyectamos o programamos, porque vivimos siempre en despedida, porque no podemos someter a control nuestros deseos, nuestros recuerdos y nuestros olvidos, porque tarde o temprano nos damos cuenta de que lo más importante escapa a los límites del lenguaje. Para una filosofía de la finitud, entonces, lo decisivo *no puede ser dicho*, nunca podrá ser dicho, a lo sumo se mostrará en el silencio de las palabras, en los espacios en blanco de la escritura. Para la finitud lo que resulta interesante es, como ya se verá, *lo otro*, lo radicalmente otro, eso que no es asimilable, ni comprensible, ni adaptable, ni clasificable, ni ordenable... ni *nombrable*.

Somos finitos porque el nuestro es un mundo que nunca es del todo nuestro, ni podrá ser plenamente cósmico, ordenado o paradisíaco, porque un cosmos, desde la perspectiva de la finitud, no consigue eludir la amenaza del caos, de lo extraño, de «eso» que es *radicalmente* otro. Y también porque no estamos capacitados *como humanos* para cruzar las puertas del paraíso. Si algo así sucediera descubriríamos, sin duda, que ese paraíso posee un rostro infernal. No podemos entrar en este reino porque en el paraíso, si algo así existe, lo otro es imposible, impensable, inimaginable. No hay *otro* en el paraíso, sólo lo *mismo*. (Quiero aclarar que siempre me he imaginado el paraíso al modo de Parménides, como un Ser pleno, compacto, estable, inmóvil, eterno...)

* * *

La finitud es sinónimo de una vida que *no poseemos del todo*. La vida nunca es completamente nuestra, porque no podemos crearla a voluntad, porque siempre existimos en condición de herederos, porque, querámoslo o no, recibimos una herencia que nos obliga a resituarnos a su favor o en su contra (eso es ahora irrelevante), pero en todo momento *desde* ella.

Es verdad que, en ocasiones, la herencia es un regalo bien recibido, pero otras veces aparece bajo una terrible máscara y queremos deshacernos de ella cuanto antes, lo más pronto posible intentamos echarla al cubo de la basura, olvidarla como se intenta olvidar una pesadilla,

Introducción: Sobre la finitud, los acontecimientos, los espectros y otras inquietudes

pero descubrimos con estupor que somos incapaces de hacerlo, que no podemos liberarnos de su pesada materialidad y que no tenemos otra solución que aprender a soportarla.

Somos finitos porque el nuestro es un mundo habitado por ausentes, porque la presencia plena es imposible, porque la presencia plena es la muerte. Somos los otros de nosotros mismos. Nunca nos tenemos por completo porque hay una alteridad que surge a modo de una ausencia que no deja de asediarnos. Siempre, en los momentos más insospechados, como les ocurre a Gabriel Conroy y a su esposa en el relato de James Joyce «Los muertos», alguien se echa de menos. La condición humana es la de *seres en falta*. Ya sea por el tiempo perdido o por el tiempo deseado, no hay vida humana completa. Podemos ser felices, es cierto, pero no existe un reino de la felicidad. La presencia total y la plenitud extrema no son posibilidades humanas.

* * *

Por todo ello, sin quererlo ni imaginarlo siquiera en un principio, la primera edición de esta *Filosofía de la finitud* preparó el camino a una obra posterior, *Ética de la compasión* (Herder, 2010). Aquí empezaba reflexionando sobre la herencia, sobre lo que la herencia significa, porque ninguno de nosotros comienza de cero, porque no empezamos con las manos vacías. Al nacer heredamos una *gramática* —un universo normativo-simbólico— que estructura nuestra experiencia. Heredamos una gramática que ordena, clasifica y conceptualiza, que incluye y excluye, que prescribe. De todo esto se encarga la herencia gramatical, que no es otra cosa que un conjunto de signos y símbolos, de mitos, tradiciones y rituales, de valores, hábitos y costumbres que estructuran nuestra vida cotidiana y configuran un mundo dado por supuesto.

Hay un *mundo* en cada gramática, por eso al heredar una gramática también heredamos un mundo, uno que se está haciendo y que nunca está hecho del todo pero que nos posee, nos determina, nos sitúa. El mundo que heredamos nos obliga a entrar en unos *marcos* (morales, jurídicos, políticos, estéticos, religiosos… incluso científicos), que son imágenes de lo que está bien y de lo que está mal, de lo que puede

Filosofía de la finitud

hacerse y de lo que está prohibido, de la buena y de la mala conciencia. Pero hay que andarse con cuidado aquí, porque, como se advierte al inicio de *Ética de la compasión*, el *mundo* no es la *vida*. Mundo y vida no son lo mismo. Cada uno de nosotros posee mundo, eso es indudable, indiscutible, pero algunos carecen de vida...
A diferencia del mundo, la vida no se hereda, al contrario, se inventa a cada momento, *hic et nunc*. Se podría objetar que la vida se inventa desde el mundo... y es verdad, se inventa *desde* mi mundo, pero también *contra* el mundo. No puede haber vida sin *transgresión* del mundo. Una vida que no suponga una forma u otra de transgresión del mundo no es una vida *humana*. (Y éste será el lugar en el que aparecerá la *ética*.)
Ahora bien, transgresión no significa solamente la posibilidad de imaginar otros mundos, la posibilidad de imaginar que otro mundo es posible. Hay una cuestión todavía, si cabe, más importante, más relevante, más decisiva: lo que la vida significa es, ni más ni menos, que ningún mundo será plenamente nuestro, que nunca estaremos reconciliados con un mundo, sea el que sea. A lo sumo puedo imaginar el mundo que no quiero habitar de ninguna de las maneras, pero nunca podré dibujar el mundo óptimo, perfecto, paradisíaco. No, no es sólo que no podamos vivir en este mundo, es que no es ni siquiera imaginable porque está totalmente al margen de nuestras posibilidades. La finitud nos impide incluso pensarlo.
Una vida *finita* es, entonces, una vida en la que se sabe que, en cada mundo, uno no tiene más remedio que ir avanzando y retrocediendo *a salto de mata*. Mi biografía surge como el relato de estos avatares, un relato incompleto, singular y ambiguo, como las *olas* a las que se refiere Virginia Woolf en su novela, porque si algo hay de ineludible en mi vida es el hecho de que estoy sometido al azar y a las casualidades del tiempo, al poder de los acontecimientos.

* * *

Una filosofía de la finitud como la que se esboza en este ensayo tratará de mostrar precisamente eso: la fragilidad y la vulnerabilidad de la

Introducción: Sobre la finitud, los acontecimientos, los espectros y otras inquietudes

vida humana. No comenzamos con las manos vacías porque desde el preciso instante del nacimiento ya somos algo... o alguien. Y al ser algo... o alguien, también hay algo... o alguien que *no* somos, que no podemos ser, que no debemos ser. Una de las consecuencias de la gramática que hemos heredado es justamente ésta: decirnos *ab initio* lo que *no* somos. Heredamos una naturaleza biológica y cultural, una identidad, pero —insisto— la vida está en otra parte... La vida está frente al mundo. Es la posición que, desde la gramática que heredamos, tomamos en el mundo. Por eso la vida está en los límites de la gramática, la vida aparece en sus zonas oscuras, en sus intersticios..., la vida no se puede nombrar, no se puede decir...

Hacemos nuestra vida, sin duda, pero sobre todo *la padecemos*, porque la vida no es tanto lo que uno hace sino más bien lo que a uno *le sucede*. O, mejor, la vida es lo que uno hace con lo que le sucede. En otras palabras, para una filosofía de la finitud la vida es una especie de trato con los acontecimientos. Es verdad que este trato siempre estará mal resuelto, porque uno tiene la sensación de que nunca acaba de resolver adecuadamente las interpelaciones de los sucesos que le asaltan en instantes del todo insospechados. Para una filosofía de la finitud esto es algo que no debería sorprender porque es otra de las formas en las que la finitud se expresa. Por eso, lo que uno hace con lo que le sucede, con los acontecimientos que le asaltan, no permite tener buena conciencia, porque los acontecimientos son improgramables y, por lo tanto, es imposible ser competente para resolverlos, porque uno puede *decir* un acontecimiento pero no lo puede *predecir*.

Los acontecimientos desafían nuestras lógicas, nuestros órdenes discursivos, nuestros marcos epistemológicos, morales, políticos, estéticos y religiosos. Como ya he dicho en otros lugares, después de la experiencia de un acontecimiento nada es como antes, nada. No podemos dar cuenta de los acontecimientos acudiendo a un conocimiento de experto, ni tampoco echando mano de unos valores o de unos códigos deontológicos. Frente al desgarro que producen los acontecimientos, a los seres finitos sólo nos queda la experiencia. Pero, como veremos a lo largo de las páginas que siguen, eso no significa que pueda servir de ayuda algo que hicimos en un tiempo pasado, algo que nos fue útil

Filosofía de la finitud

en otra ocasión. Al contrario, lo que la experiencia nos enseña es que todo acontecimiento es singular y que sólo se puede dar cuenta de su singularidad *in medias res*. Dicho de otro modo, lo que la experiencia nos enseña no es que el hombre sea el único animal que tropieza con la misma piedra, sino algo bien distinto, a saber, que el hombre es el único animal que nunca se encuentra dos veces con la misma piedra. Por ello no puede haber una *teoría* del acontecimiento, sino sólo una *narración*. Tampoco debe entenderse el presente ensayo como una *teoría* de la finitud. Nada más lejos de mi propósito aquí que construir una especie de *marco teórico*. Lo que ya me propuse en su momento era algo bien distinto de una teoría, era, a saber, narrar algunas *escenas antropológicas* en las que la finitud hace su aparición. Este libro es el relato fragmentario, tentativo y discontinuo (a veces por culpa de la incapacidad de quien esto escribe) del recorrido por unas sendas para las que no contamos ni con brújulas ni con cartas de navegación.

Algunas de estas *escenas* son el olvido, el mal, el testimonio, el silencio, el placer... Pienso ahora que en todas ellas se halla un denominador común, es posible que en algunos casos aparezca de forma excesivamente disimulada, un denominador que con el paso del tiempo ha ido cobrando consistencia: la *ausencia*. Tal vez podría calificarse a la filosofía de la finitud de *filosofía de la ausencia*, de esas «presencias inquietantes» a las que me refiero a lo largo del libro y que lo son porque enmascaran ausencias, porque si de verdad somos finitos, si nuestras vidas son finitas, es, seguramente, porque ni lo que somos, ni lo que tenemos, ni lo que heredamos, ni lo que deseamos, ni lo que amamos... está totalmente presente.

Lo diré de otro modo: para un ser finito la presencia es la muerte y, por lo tanto, si vivimos *en* la finitud es porque nuestra vida se sostiene (¿desgraciadamente?) en ausencias. Pero éstas son ausencias que no dejan de estar presentes. ¿Qué significa esto? Significa que son ausencias espectrales.

Joan-Carles Mèlich
Gracia (Barcelona), 1 de septiembre de 2011

Pórtico:
Presencias inquietantes

> La principal categoría de la finitud es el tiempo.
> Ser finito significa ser temporal.
> (Paul Tillich)

No hay texto sin contexto. Todo lo que hacemos y decimos, lo hacemos y lo decimos en un contexto. Todo lo que recibimos, todo lo que leemos, todo lo que interpretamos, lo recibimos, lo leemos y lo interpretamos en un contexto. Somos finitos. Ésta es —al mismo tiempo— la grandeza y la miseria de nuestra condición. Y desde la ineludible finitud podemos imaginar otros mundos, infinitos mundos, otras historias, infinitas historias... Aquí se halla una fuerza inmensa de la palabra humana, aunque quizá debería utilizar el plural y escribir «palabras», porque toda palabra es «múltiple», incluye gestos, signos, símbolos, imágenes, conceptos, categorías, fórmulas, miradas... La palabra dice lo que dice, pero también siempre dice *más* de lo que dice, dice *de otro modo*, y al decir *de otro modo* incluye algo *no dicho*, o no dicho del todo, y muestra *lo que queda por decir* y *lo imposible de decir*... Y esto es lo más importante.

Desde un principio deseo compartir con el lector una inquietud: se trata de reflexionar sobre la finitud, de hablar de aquello de lo que probablemente no se pueda hablar en sentido estricto, porque no es reducible ni a conceptos ni a categorías. La primera paradoja de este libro, pues, está ya sobre la mesa: tal vez nada se puede decir de la finitud, tal vez la finitud sólo puede mostrarse.

Filosofía de la finitud

El presente texto dibuja algunos aspectos ineludibles de la existencia humana, de los seres corpóreos inscritos en un trayecto histórico, en un *tiempo* y en un *espacio*. Por esta razón está escrito en forma de *ensayo*, porque lo que se encuentra en el espacio y el tiempo no se puede controlar, ni programar, ni planificar, ni definir. Un ensayo no es sistemático, ni tampoco tiene un desarrollo ascendente. Ensayar es como dar un paseo, algo así como perderse en los caminos de un bosque o en las calles de una ciudad, porque no es fácil saber perderse, es más fácil saber orientarse...

El que escribe un ensayo no tiene miedo de ser parcial, de dejar sin resolver las cuestiones que trata, de utilizar lenguajes no categoriales. Por eso deseo advertir de antemano que este libro es una tentativa, un largo prólogo, quizá un pretexto. No he pretendido en absoluto ser original. No me cabe la menor duda de que otros ya han pensado lo mismo que yo, pero a pesar de ello me parece que no está de más poner estas ideas sobre el papel y mostrar cuál podría ser el horizonte filosófico y antropológico sobre el que se podría más adelante dibujar una *ética*.

El ensayo es un género de sombras, por eso el que esto escribe no teme la falta de rigor, la carencia de un argumento lógicamente bien articulado. Ensayar tiene la humilde pretensión de mostrar el movimiento de la vida, y la vida no está nunca bien articulada. En ella *no* todo encaja, más bien lo contrario. En la vida se tienen pocas *ideas claras y distintas*, porque vivir es habitar un universo de ambigüedad y de ambivalencia, de azar y de contingencia, en una palabra, de *perplejidad*.

Una filosofía de la finitud no puede escribirse si no es ensayando, porque el ensayo se encuentra más próximo a la intuición que a la demostración. No «demuestra», simplemente «muestra», vive en la fragilidad, en el fragmento, en el aforismo, en la vulnerabilidad, en el instante, en la singularidad... y la finitud es, ante todo, el reconocimiento de esta radical e ineludible fragilidad, la ausencia de principios absolutos, universales y eternos. Como escribió Theodor W. Adorno:

> Por lo que se refiere al procedimiento científico y a su fundamentación filosófica como método, el ensayo, según su idea, explicita la plena con-

secuencia de la crítica al sistema. [...] La duda sobre el derecho absoluto del método no se ha realizado casi, en el modo de proceder del pensamiento, sino en el ensayo. El ensayo tiene en cuenta la conciencia de «no identidad», aun sin expresarla siquiera; es radical en el «no radicalismo», en la abstención de reducirlo todo a un principio, en la acentuación de lo parcial frente a lo total, en su carácter fragmentario [...].[1]

El ensayo nos enseña los fracasos de los conceptos, porque éstos, y concretamente los metafísicos, no sirven para comprender el sentido del acontecer, del cambio, del mal, del nacimiento, de la muerte. Siguiendo de nuevo a Adorno diría que el ensayo

[...] se yergue sobre todo contra la doctrina, arraigada desde Platón, según la cual lo cambiante, lo efímero, es indigno de la filosofía; se yergue contra esa vieja injusticia hecha a lo perecedero, injusticia por la cual aún vuelve a condenársele en el concepto.[2]

El que escribe un ensayo rechaza la soberbia presunción de haber llegado a la Verdad. Por eso no debe pensarse que he querido dar aquí a la finitud el carácter de un primer principio absoluto, inmóvil, a partir del cual se puede construir un Sistema. Al contrario. Lo que querría mostrar —o ensayar— en las páginas que siguen es que la finitud, en cuanto presencia inquietante estructural en toda vida humana, también abre una serie de presencias inquietantes, en plural, localizables *hic et nunc*, que imposibilitan, o incluso pervierten, cualquier pretensión de tratarlas sistemáticamente.[3] A mi juicio el ensayo es la forma literaria que adopta la palabra humana para mostrar con más precisión la finitud.

1. T. W. Adorno, «El ensayo como forma», en *Notas de Literatura*, Barcelona, Ariel, 1962, pág. 19.
2. *Ibid.*, págs. 19s.
3. Por eso este libro es un ensayo, porque estoy convencido de que los problemas fundamentales de la vida humana jamás se pueden resolver de un modo ni definitivo ni conceptual.

Este ensayo muestra que la *peculiar belleza* de la condición humana reside justamente en su *fragilidad* y en su *vulnerabilidad*. Somos *los hijos del tiempo*. Nacemos y morimos en la provisionalidad, en la insuficiencia y en la insatisfacción. Por esta razón defiendo aquí una tesis mayor; a saber, que la finitud representa una condición de la naturaleza humana e inhumana porque siempre que aparece lo humano surge al mismo tiempo ineludiblemente lo inhumano. En otras palabras, lo inhumano no es la ausencia de lo humano sino su presencia, porque si hay humanidad hay ambigüedad y, por lo mismo, posibilidad de inhumanidad.

Ahora bien, aunque la finitud sea estructural, todo lo que pertenece a la naturaleza de los hijos del tiempo tiene que concretarse en una historia, en un trayecto histórico. Lo diré de otro modo. En cada tiempo y en cada espacio, cada uno vive su finitud de formas y de maneras diferentes, la expresa en lenguajes distintos, encuentra o descubre su falta de sentido. Por eso los hijos del tiempo pueden vivir su finitud con alegría o con dolor, o de las dos maneras al mismo tiempo, pero siempre de forma inquietante.

* * *

Mi punto de partida es el siguiente: los seres humanos no somos nunca de un modo definitivo, no disponemos de ninguna situación dada —de ningún *mundo*— que pueda ser considerada propia o perfecta. Por eso podríamos decir que somos «seres sin centro» o, mejor dicho, expulsados del centro, *excéntricos*.[4] En otras palabras, el ser humano es un animal que no encaja, que no puede quedar descrito de forma clara y distinta por ninguna teoría, por ningún concepto, por ningún lenguaje, porque, si se quiere formular con la acertada expresión de Peter Sloterdijk, el animal humano es un ser «un poco extraviado».[5]

---

4. Naturalmente, me inspiro en H. Plessner, *Conditio humana. Gesammelte Schriften VIII*, Frankfurt, Suhrkamp, 1983.
5. P. Sloterdijk, *Eurotaoísmo. Aportaciones a la crítica de la cinética política*, Barcelona, Seix Barral, 2001, pág. 125.

Para nosotros lo paradójico es que la normalidad es salirse de la norma.[6] Somos seres inadaptados, imprevisibles y, por tanto, siempre provisionales. Por esta razón, porque la provisionalidad nos obliga a una incesante relectura y recontextualización de nuestras opciones, respuestas y decisiones, cada uno es un incansable aprendiz, un ser en constante proceso de formación, de transformación y de deformación.

Es necesario observar que lo que acabo de decir tiene como consecuencia inmediata el hecho de que, por ser finitos, no poseemos unas claves hermenéuticas «objetivas» para encontrar un sentido definitivo a nuestra vida. Pero no obstante, y a pesar de ello, estamos obligados al mismo tiempo a buscarlas, porque en todas partes, en los momentos más insólitos, nos asaltan preguntas que somos incapaces de responder de una vez por todas, unas preguntas que querríamos dejar de hacernos, pero que no cabe ignorar. No podemos dejar de formularnos interrogantes que se resisten a la respuesta técnica de los especialistas, de los expertos, y lo que resulta realmente inquietante es precisamente que no es posible dejar de plantearnos preguntas sobre el origen y el fin de la existencia, sobre el sentido de la vida, sobre el bien y el mal, sobre el destino y el azar… y que al mismo tiempo buscamos desesperadamente respuestas, algunas certezas siempre precarias, siempre provisionales, siempre en relación con la situación y el contexto, respuestas que no podrán ser claras y distintas, absolutas, eternas, universales e inmutables.

Pronto descubrimos que siempre somos de alguna manera, y que nunca podemos ser de todas las maneras posibles, que tenemos que escoger y que escoger significa renunciar. Una vez que hemos escogido nos damos cuenta de que podríamos haber tomado otra opción. Por eso parece que resulta ineludible la expresión *homo viator* para calificar nuestro modo de ser. Estamos en camino, en constante cambio, en transformación incesante aunque no absoluta, porque, como veremos más adelante, no hay nada absoluto en la vida humana.

En definitiva, pues, el ser humano es un ser finito que vivirá de formas diversas a lo largo de su vida y en función de la cultura en la que

6. P. Sloterdijk, *Eurotaoísmo...*, *op. cit.*, pág. 201.

Filosofía de la finitud

haya nacido o en la que haya sido acogido. La finitud posee distintas máscaras, adopta diferentes formas, se manifiesta de diversas maneras y —como he dicho antes— es *una* presencia inquietante en la vida humana que reclama un *plural*. Por esta razón hablaré de *presencias inquietantes*, porque la finitud se expresa en las palabras, en la experiencia, en el olvido, en el testimonio, en el deseo, en el silencio, en el placer...

* * *

Hay todavía otra idea fundamental que considero pertinente aclarar desde ahora: voy a huir de cualquier definición *sustancial* de la naturaleza humana. Por ello tomaré la *palabra* (la voz, la escritura, la narración, el símbolo, el signo, la imagen, el concepto, el gesto...) como la clave de mi discurso.

Un animal dotado de palabra(s) —como el humano— es un ser ineludiblemente finito, porque es la palabra la que nos muestra que todo lo que hacemos, todo lo que pensamos, todo lo que deseamos, lo hacemos, lo pensamos y lo deseamos en un contexto, en una tradición, en una cultura, en un tiempo y en un espacio; dicho claramente, *en una gramática*.

Que los seres humanos somos finitos quiere decir, en definitiva, que existen *ámbitos ineludibles* que nos atan a *un* espacio y a *un* tiempo. Los humanos no podemos vivir si no es en *un* mundo —y no en *el* mundo— que no hemos escogido, en un mundo *gramatical*, interpretado, normativo y simbólico, pero también sabemos que este mundo *podría existir sin nosotros*. Que los seres humanos somos finitos quiere decir que somos contingentes y que hay en nuestra vida algo indisponible.

Existe una relación elemental entre «finitud» y «palabra», porque en la provisionalidad, en la fragilidad y en la vulnerabilidad de la palabra está el lugar en el que la finitud aparece como una presencia inquietante. En la palabra surge una posibilidad de ser otro, de ser diferente, y también una inevitabilidad: ser *para* el otro, *ante* el otro, *junto* al otro, *responsable* del otro. La finitud de la palabra es reveladora de alteridad, de mi propia alteridad, así como de la alteridad del otro.

Pórtico: Presencias inquietantes

El otro es el que no soy yo, pero también es el que está conmigo, de igual modo que es el que se me encara, me mira, me llama, me reclama, me apela.

Por consiguiente, es en la palabra humana, y especialmente en una de las formas de su polifacetismo —me refiero a la dimensión simbólica (poética, narrativa, pictórica, musical…)—, donde aparece la alteridad y, por derivación, la relación que cada uno de nosotros establece con ella. Y es esta alteridad la que nos muestra nuestra condición finita, ambigua y frágil.

El mundo en el que un ser humano ha nacido es un mundo compartido con otros. El recién llegado nace rodeado de personas que lo han acogido en el momento de nacer. Sin acogida no hay vida. Si hemos nacido y continuamos vivos es porque hemos sido acogidos. Y esta acogida hace que establezcamos relaciones con los otros, relaciones igualmente ambiguas, de amor y de odio, de alegría y de tristeza.

A menudo tenemos también la sensación de que, si bien nosotros mismos nos descubrimos finitos, es decir, si sabemos que antes no éramos y que después algún día dejaremos de ser, de la misma manera los otros, con los que establecemos relaciones, también lo son, y su posible ausencia nos aterroriza.

El niño se encuentra a veces ante esta imagen terrible: sus padres han desaparecido y está solo en el mundo, está rodeado de gente, pero de gente *indiferente*. Sus padres, en cambio, son insustituibles. La vida del niño no puede continuar sin estas personas que lo han acogido. La propia finitud resulta, así, inseparable de la finitud de los otros. Nuestra palabra (la sonrisa o el llanto del recién nacido, por ejemplo) necesita ser acogida y reconocida. Por eso se descubre ambigua, frágil y vulnerable, de igual modo que, ineludiblemente, una palabra verdaderamente humana es ética, es una palabra responsable del otro, sensible a la voz del otro. Ahora bien, naturalmente esta palabra puede no encontrar respuesta, puede no encontrar acogida o, al menos, la que uno esperaba. Por la finitud y por la ambigüedad inseparable de la condición humana e inhumana, la ética es posible aunque muy a menudo también todo lo contrario, es imposible, por la inhumanidad de la palabra misma.

Filosofía de la finitud

Así pues, la ética existe *por* la ambigüedad y *en* la pluralidad de la palabra, una palabra que hace posible comprender la naturaleza humana como *gramatical*. ¿Qué quiero decir con esto? No pretendo otra cosa que expresar la *ineludible* condición espacio-temporal de los seres humanos, el hecho de que estamos obligados a vivir no en el tiempo y el espacio, sino en *un* tiempo y en *un* espacio, y que éstos siempre son tiempos y espacios *diferentes*. Como mostró muy claramente Paul Tillich, el tiempo y el espacio son las estructuras fundamentales de la existencia, a las cuales está sometido todo aquello que existe, todo el reino de lo finito: «Existir significa ser finito o ser en el espacio y en el tiempo».[7]

Por este motivo no puede haber una definición sustancial del ser humano, porque no hay nada que pueda trascender su condición espacio-temporal, y, si hubiera algo que lo pudiera hacer, sólo podríamos expresarlo con un lenguaje concreto, fruto de *un* tiempo y de *un* espacio. De ahí que tampoco podamos responder de una única manera al interrogante antropológico fundamental (¿qué es el hombre?). Sólo puede haber una respuesta provisional y plural. Siempre existe la posibilidad de responder *de otra manera*. Un universo donde sólo hubiera *una* respuesta posible, donde hubiera *una* respuesta única y definitiva, *una* respuesta inmutable, un universo así sería un mundo totalitario. Y en el mundo totalitario la ética es imposible.

La ética es inseparable de la pluralidad, de la fragilidad, de la vulnerabilidad, de la ambigüedad y de la alteridad.[8] Porque todo lo que el ser humano tiene o hace, lo tiene o lo hace con un lenguaje concreto, con una expresión determinada y, por tanto, ambigua y contingente. Por esta razón la ética sólo puede expresarse poéticamente.

El ser humano, en la medida en que es un «ser dotado de palabras», puede convertir su palabra en palabra *ética*. Dicho de otro modo, la

---

7. P. Tillich, «La pugna entre el tiempo y el espacio», en *Teología de la cultura y otros ensayos*, Buenos Aires, Amorrortu, 1974, pág. 35.
8. Véase Z. Bauman, *La sociedad individualizada*, Barcelona, Crítica, 2001, pág. 196: «Amar, igual que ser moral, significa hallarse y permanecer en un estado de perpetua incertidumbre».

ética reclama una clase de «trato con la palabra», de «trabajo con la palabra», con *mi* palabra, evidentemente, pero, especialmente, con la palabra *del otro*. Desde una perspectiva fenomenológica, la ética sólo es posible en la medida en que el trato con la palabra del otro sea respetuoso, solícito, hospitalario. Hay ética si las palabras no significan únicamente «de otra manera», sino «para otro». La palabra es *ética* si «se da al otro», si es un «darse en la palabra dada». La relación ética implica una donación, un dar, un dar la palabra y un darse en la palabra. Y este darse en la palabra quiere decir cuidar, velar por que la palabra siga viva, significa dar testimonio de una vida, de una experiencia, quiere decir creerse que la peripecia del otro es mi problema, que, por decirlo con Paul Celan, *yo soy tú cuando yo soy yo*. Así, mientras que para Heidegger el *Dasein* sería un ente «en cuyo ser le va *su* ser», para una filosofía de la finitud sería *ético* un ente «en cuyo ser le va el ser *del otro*».

La ética es posible si la relación de alteridad no es simplemente una relación de diferencia sino de deferencia con la palabra del otro. Si la diferencia no se convierte en deferencia es pura indiferencia. En la ética el yo es responsable del otro. La palabra que es solícita con el otro —la palabra deferente, la palabra ética— es hospitalaria, acogedora, y es una palabra capaz de imaginar un futuro diferente del que había previsto en un principio, es una palabra capaz de imaginar un porvenir imprevisible.

* * *

El planteamiento que estoy haciendo desde el principio me conduce ineludiblemente a una nueva cuestión que ahora me limitaré a insinuar pero que creo que es fundamental en una filosofía de la finitud. Me refiero a la *contingencia*.

¿Qué significa «contingencia»? ¿Qué quiere decir que «el ser humano es un ser contingente»? No sólo que no es un ser necesario, sino además que hay algo *indisponible* en su existencia. Somos contingentes porque vivimos siempre en una o en diversas tradiciones en las que *se ha inscrito* nuestra vida, unas tradiciones que *no hemos escogido*.

Por eso, para nosotros, ser contingente es tener un destino inevitable debido a nuestra finitud. El ser humano no vive en libertad absoluta, de hecho no hay nada en él que sea absoluto. No empieza nunca de cero, siempre se encuentra inscrito en un lenguaje, en una tradición simbólica, en una *gramática*. La contingencia es inevitable. Es lo ineludible de la existencia humana. Pero esta contingencia, que puede ser comprendida como *destino*, en el sentido de Marquard, no quiere decir que uno no pueda cambiar o innovar. En la línea de Hannah Arendt, diría que el ser humano no ha venido al mundo para morir, sino para comenzar. Un comenzar que, sin embargo, no es un empezar de cero, sino desde *una* tradición. Pero es preciso también tener muy presente que el ser humano no sólo no está obligado a repetir la tradición, sino que la puede quebrantar, que la tiene que *transgredir* si quiere ser *humano*. El hombre no sólo hace, o fabrica, o es hecho, o es fabricado, sino que actúa, y actuar, como dice Arendt, significa tomar una iniciativa, comenzar.

El «destino» de los seres humanos no se halla, entonces, en su pasado, sino en su futuro. El hombre es el animal que siempre «mira» hacia delante, que nunca está saciado del todo con su presente, con lo que le ha sido dado, aunque los cambios que pueda realizar en su vida jamás serán absolutos. Recuerdo, en este sentido, los magníficos versos de la octava de las *Elegías de Duino*, de Rilke:

A esto llamamos destino: estar en frente
y nada más, siempre en frente.[9]

Decir que el ser humano es *finito* significa sostener que su vida es una *tensión* entre el nacimiento y la muerte, entre la contingencia y la novedad. No hay vida humana al margen de esta *tensión* en el tiempo y en el espacio, porque el ser humano es (en un) tiempo y (en un) espacio. Esto quiere decir que no es simplemente pura «vida-biológica»,

---

9. R. M. Rilke, «Elegía octava», en *Elegías de Duino*, trad. J. Talens, Madrid, Hiperión, 1999, pág. 87.

exposición objetual, sino también «vida-narrada» (biografía), «vida-con-sentido», relato simbólico, experiencia, existencia, salida de sí mismo hacia lo otro, hacia el otro. La vida humana, una vida finita, una vida breve, no es acto puro, sino más bien una posibilidad siempre a partir de otras posibilidades en las que la vida entera está en juego. Toda vida es un riesgo. Vivir es arriesgarse, lanzarse a una aventura entre el nacimiento y la muerte.

Insisto: la vida humana es una tensión irreparable, irresoluble, entre la *contingencia* y la *novedad*. Si sólo fuera contingente, el ser humano estaría determinado por un principio absoluto. Pero si sólo fuera novedad, la posibilidad de ser diferente también se absolutizaría.

Por eso digo que la vida humana es (en un) tiempo y (en un) espacio, en un tiempo espacializado y en un espacio temporalizado. Quiero decir que la vida humana es «paso del tiempo» —pasado, presente y futuro—, conservación e innovación, y esto hace que tenga que expresarse *narrativamente*, puesto que es especialmente la palabra *narrada* la que muestra el paso del tiempo. Una filosofía de la finitud sostiene que los seres humanos no sólo somos nuestros cambios y posibilidades, pero tampoco somos sólo nuestras costumbres y tradiciones. Es verdad que hay futuro en el pasado y, todavía de manera más radical, hay pasado en el presente y en el futuro. La vida, en el fondo, es este relato, esto es, el testimonio de esta tensión entre lo que uno es (o hereda) y lo que uno desea.

* * *

En la cultura occidental experimentamos la finitud como una presencia inquietante, o como una serie de presencias inquietantes. No sé si es cierto que tan pronto como un hombre entra en la vida ya es bastante viejo como para morir, pero quizá sí sea verdad que muy pronto los seres humanos nos damos cuenta de «la presencia inquietante de la finitud».

Ya he dicho que la finitud se expresa básicamente en la palabra y también, como ya se verá a lo largo de este ensayo, en el *silencio*. Este aspecto me parece esencial, porque el silencio forma parte de la palabra.

Todo lenguaje dice algo, pero, y esto es decisivo, en todo lenguaje hay *algo* que *no se puede decir*, que no se puede decir *con palabras*. No estoy señalando nada que cualquier persona no haya podido experimentar por sí misma. Lo más importante de nuestras vidas, aquello que más nos interesa, «no lo podemos decir».

Esto que es imposible decir, esto que sólo se puede mostrar, es lo que Ludwig Wittgenstein llamó «lo místico» *(das Mystiche)*. Tan importante es el decir como el mostrar, o quizá todavía lo sea más el segundo,[10] porque, según Wittgenstein, el mundo queda completamente dentro de lo decible y, por lo mismo, la ética, la estética y la religión *no* pertenecen al mundo.

«En cada vida hay algo que queda sin ser vivido, al igual que en cada palabra hay algo que permanece inexpresado», escribe Giorgio Agamben.[11] Y eso que queda inexpresado es lo que resulta al mismo tiempo portador y negador de sentido, a la vez fuente de sentido y fuente de angustia. Por eso la finitud es una presencia inquietante, por su ambigüedad y por su misterio.

Ante esta imposibilidad de decir qué es lo que se sitúa más allá de los límites del lenguaje —que según Wittgenstein son los mismos que los del mundo— es necesario un *silencio respetuoso*. Un silencio que no es equivalente al *mutismo* sino que expresa *lo que no se puede decir*, que muestra *lo que no puede convertirse en lenguaje*. Un silencio que puede ser portador de sentido, porque el sentido, si se da, también se da inevitablemente *en lo indecible* de las palabras. El sentido se da en el silencio.[12]

Lo que muestra el silencio es precisamente la finitud y el sentido. Un sentido siempre precario y ambiguo, porque de no ser así no sería finito. Pero no quiero decir con esto que el sentido se encuentre en la finitud. Sería muy osado por mi parte pretender descubrir el lugar en el que se encuentra el sentido. No. Lo que quiero poner de mani-

---

10. L. Wittgenstein, *Tractatus logico-philosophicus*, 6.52.
11. G. Agamben, *Idea de la prosa*, Barcelona, Península, 1989, pág. 75.
12. Creo que, para esta cuestión, es fundamental ver la película *Shoah*, de Claude Lanzmann.

fiesto es que el sentido sólo puede buscarse en la naturaleza finita del hombre, en la existencia del ser humano en cuanto ser ineludiblemente contingente. Hay sentido en el silencio porque hay finitud, un sentido *finito*, ciertamente inquietante, porque no se deja dominar, porque no se deja conceptualizar, porque no se deja clasificar, ni tampoco ordenar, porque no se puede tematizar. Un sentido que escapa al orden del discurso, que siempre está amenazado por el sinsentido. Por todo eso la finitud es una presencia que inquieta.

1. La brevedad de la vida

> Somos nuestras historias.
> (Odo Marquard)

El ser humano está siempre en trayecto. «Estar en trayecto» significa estar en *un* trayecto concreto, inscrito en *una* tradición, en *un* tiempo y en *un* espacio vividos. Por eso la identidad humana es móvil. Podríamos decir que «*no* soy el que soy», o también que «llego a ser lo que *no* soy». Es imposible eludir esta condición de movilidad. Cualquier fijación, cualquier fin de trayecto, representa el final de la finitud: *la muerte*.

Somos finitos, pero la finitud no es la muerte sino el *trayecto* que va desde el nacimiento hasta la muerte. La finitud es la vida, la vida que uno sabe limitada, la vida anclada en el tiempo y en la contingencia. Desde este punto de vista, la muerte no forma parte de la finitud, más bien es su condición, una de sus condiciones, pero, al mismo tiempo, es también su negación. Tal vez sea esencial (o estructural) al ser humano resistirse a la muerte, al paso del tiempo, al envejecimiento, pero también es propio de su condición finita la imposibilidad de lograr la eternidad, la inmovilidad, la claridad y la distinción.

En cualquier caso, lo más grave es que un ser humano que tenga la certeza de haber alcanzado la victoria sobre la contingencia y la muerte —algo que sólo podría tener lugar por una huida del tiempo— es sospechoso de comportamiento totalitario, porque habría alcanzado

Filosofía de la finitud

lo Absoluto, la Verdad con mayúsculas, fuera del espacio, del tiempo y de la finitud, y entonces sería *un ángel o una bestia*. Lo mismo podríamos decir de la cultura, de las instituciones, de los sistemas. Una sociedad inmóvil es una sociedad totalitaria. En la finitud hay siempre ambigüedad. Un lenguaje no ambiguo es inevitablemente totalitario, como mostró George Orwell en *1984*.

* * *

El ser humano no es *qué* sino *quién*. Porque nos sabemos finitos, por el hecho de haber comenzado a existir y de tener que dejar de hacerlo, la vida aparece como un constante *pensar* y *repensar*, como un incesante *hacer, rehacer* y *deshacer*, como un inevitable viaje al pasado y una proyección hacia el futuro, como un ineludible *padecer*.

Por la finitud la vida humana es biografía, vida narrada, identidad narrativa. Una vida humana, o una vida vivida humanamente, es una identidad (heredada) en busca de un sentido que, como ya se ha dicho, es siempre frágil y está amenazado por el sinsentido. Una amenaza, ésta, que puede surgir en cualquier momento. Y, en tal caso, en la ausencia de sentido, la vida resulta invivible, por eso ha de ser narrada. Para ser fuente de sentido tiene que ensamblarse en un relato. Y es aquí donde también se revela el *polifacetismo* de la palabra, es decir, su multiplicidad y su provisionalidad, su ser lo mismo y lo otro, su condición humana e inhumana. La *ambivalencia* de la palabra es, al mismo tiempo, su grandeza y su peligro. Hay que tenerlo bien presente: la palabra puede curar, pero también puede matar.

* * *

No hay nada absoluto en la vida humana y si lo hubiera sólo podría ser expresado relativamente. Con esto no quiero ni defender un relativismo ni tampoco criticar un universalismo. Mi intención es escapar de toda *metafísica*, que entiende el mundo y la vida en oposiciones binarias, disyuntivas, oposiciones del tipo cuerpo/alma, relativo/absoluto, particular/universal, femenino/masculino, superficial/profundo…

1. La brevedad de la vida

Sostener que *no hay nada absoluto en la vida humana* quiere decir que en todo lo que hace referencia al hombre siempre intervienen la situación y la temporalidad o, si se quiere, una temporalidad en una situación concreta, o un tiempo situado en un espacio determinado. Esto resulta ineludible.

Si es verdad que *no hay nada absoluto en la vida humana*, entonces no hay existencia al margen del paso del tiempo. El tiempo es pasado, presente y futuro. Una filosofía de la finitud es también indefectiblemente una antropología filosófica del tiempo. Pero el tiempo, el tiempo propio de los seres humanos, no es ni el pasado, ni el presente, ni el futuro, sino la *tensión* entre el pasado y el futuro en el presente. En una filosofía de la finitud podremos tal vez descubrir que *no hay futuro sin pasado* y que *en todo pasado hay futuro*. En este ensayo realizaré una apología del tiempo, una apología de la novedad, de la diferencia, pero no de una diferencia absoluta, de una innovación total, porque si la condición del ser humano es finita nada hay en ella de absoluto. No hay novedad si, al mismo tiempo, no hay también conservación, y viceversa. «Novedad» y «conservación» son dos «hermanos enemigos» que resultan inseparables.

Si esto es así, dos de las palabras básicas que condicionarán este ensayo serán el *olvido* (la memoria) y el *deseo* (la esperanza), dos palabras inscritas en el tiempo, inseparables la una de la otra. Una filosofía de la finitud, una apología del tiempo, es lo mismo que una filosofía de la memoria y ésta lleva grabada en su interior la esperanza. La esperanza sin la memoria está vacía, la memoria sin la esperanza es ciega.

* * *

Ahora bien, como todo lo que hace referencia a la vida humana, también la finitud se vive en una cultura o, lo que es lo mismo, simbólicamente. El hombre es un ser cultural, inscrito en una tradición, en un universo simbólico, en un *mundo interpretado*. En la medida en que siempre nacemos, vivimos y morimos en *una* cultura concreta, habitamos también en *un* tejido de interpretaciones, en *una red sígnica y simbólica*. Y la cultura es eso: una *gramática*.

Filosofía de la finitud

Las diversas culturas han configurado de formas diferentes la experiencia de la finitud y han creado «artefactos sígnico-simbólicos» para hacerle frente. Esta experiencia, la de que «los seres humanos somos finitos», parece imposible de eludir. No obstante, lo que sí puede cambiarse es la *relación* que los seres humanos establecemos con la finitud, con la contingencia, con el paso del tiempo. Y es aquí el lugar en el que el universo simbólico —la gramática— juega un papel fundamental. Es evidente que la finitud ha provocado y provoca una cierta angustia, una cierta inquietud. La cultura, a través de sus «artefactos simbólicos», a través de su *gramática*, ha intentado que los seres humanos pudiéramos *reducir* (o compensar) esta angustia. Tales artefactos son fundamentalmente de dos tipos: los *mitos* y los *ritos* o, lo que es lo mismo, las *narraciones* simbólicas y las *acciones* simbólicas.

Querría hacer referencia muy brevemente, puesto que más adelante volveré sobre esta cuestión, a la *narración*. Las narraciones, los relatos, las historias, los cuentos, las fábulas… son artefactos culturales (simbólicos) de primera magnitud. El ser humano es un ser al que, sea de donde sea y venga de donde venga, le gusta contar cuentos y le gusta que le cuenten cuentos. En este sentido se podría decir que la construcción *social* de la realidad es, sin duda, una construcción *simbólica* de la realidad y, más concretamente, una construcción *narrativa* de la realidad. El ser humano es un animal narrador, un *homo narrans*: quiere contar cuentos y le gusta que se los cuenten. Resulta curioso comprobar cómo toda innovación en materia de cuentos repite esquemas o modelos con más o menos variaciones. Aquellas narraciones que nos parecen nuevas y diferentes mantienen siempre una presencia importante de otras más antiguas. Quiero decir con esto que, en todo lo que a lo humano se refiere, la novedad jamás es *absoluta* (aunque pueda ser *radical*). Necesitamos las historias para *innovar relativamente*, porque no soportamos los cambios demasiado acelerados, necesitamos relatos para dar sentido al mundo que nos rodea, para obtener una «cierta seguridad» (simbólica) en nuestro caminar por el mundo, para poder encarar el futuro con una determinada expectativa y tranquilidad. Las narraciones muestran que ni el presente ni el futuro pueden darse al margen del pasado. Hay pasado en el presente.

1. La brevedad de la vida

La situación (o situaciones) de los seres humanos en nuestro mundo —si éste resulta ser un mundo *con sentido* aunque nunca pueda ser un mundo con sentido *absoluto*— pasa por establecer *vínculos* entre el pasado y el futuro *en* el presente. Los rituales —y no me refiero, evidentemente, sólo a los rituales religiosos sino a todo el fondo ritual de la vida cotidiana— son una *mise en escène*, una escenificación, una teatralización o dramatización del tiempo humano. Los rituales se convierten en una «espacialización del tiempo» y por eso llegan a ser imprescindibles, porque es este fondo ritual el que nos sitúa y nos ofrece la mínima seguridad para orientarnos significativamente en determinados momentos (sobre todo en los momentos clave) de nuestra existencia. Los rituales, en la medida en que son acciones presentes, rememoran el pasado y anticipan el futuro, establecen vínculos entre el pasado y el futuro *en* el presente. El ser humano no puede vivir sin esos rituales porque necesita *conectar* las tres dimensiones temporales. De no ser así, si no existieran estos vínculos, esas conexiones, la vida no podría tener sentido.

* * *

En el momento de nacer quedamos inscritos en una tradición cultural, en una tradición simbólica, en una *gramática*. Para empezar *no* decidimos lo que somos. Al contrario, *heredamos una identidad*. El nacimiento es por de pronto la llegada de alguien nuevo, diferente, pero, al mismo tiempo, es una herencia que recibimos al llegar y que, como toda verdadera herencia, adviene de repente, llega sin avisar, sin pedirnos el consentimiento. Recibimos la herencia de un pasado que configurará a partir de ahora nuestro presente. Porque —insisto— hay pasado en el presente. El nacimiento de un niño rompe la monotonía del tiempo y abre una grieta: hay un antes y un después, un pasado (sin él) y un futuro (con él), un pasado (el de los otros, el de la tradición, el de las costumbres…) y un futuro (el de la novedad, el de la innovación, el de la utopía, el del deseo…).

El nacimiento supone el abandono de un mundo conocido y la entrada en un tiempo y en un espacio de inseguridad. El niño se despide

Filosofía de la finitud

de la vida intrauterina y penetra en un mundo de incertidumbres, porque el mundo no es algo simplemente dado sino lo que debe ser descubierto y configurado. El recién nacido tiene que ser acogido, recibido por una familia que hará la función de introducirlo en un mundo, el suyo y el de los otros. Una filosofía de la finitud no comparte la concepción gnóstica que entiende el nacimiento como una caída, como un «ser-arrojado» a un mundo inhóspito que produce temor. Nacer es sobre todo ser acogido. Sin esta hospitalidad que proporciona el ámbito familiar no hay posibilidad de vida, ni humana ni inhumana, porque los seres humanos somos vulnerables, frágiles.

Tempranamente, uno advierte que la vida (vegetal, animal o humana) no es infinita. Las muertes (de los animales domésticos, por ejemplo) y los nacimientos cotidianos nos lo mostrarán. Y más adelante llevaremos a cabo la experiencia de la propia finitud, tomaremos conciencia de que ya había un pasado sin nosotros, y llegaremos a la certeza (quizá angustiosa) de que tenemos que morir. También muy pronto, como acabamos de ver, las narraciones simbólicas (los *mitos*) y las acciones simbólicas (los *rituales*) realizarán su función de reducción de la angustia —aunque esta reducción jamás será definitiva— y otorgarán sentido.

* * *

El tiempo humano es breve. No tenemos todo el tiempo del mundo a nuestro alcance. Siempre llegamos a un mundo que ya está en movimiento, comenzamos a actuar y a morir *antes* de haber acabado lo que queríamos hacer. Nadie puede jamás acabar todos sus proyectos. Y si alguien cree que «ya lo ha hecho todo en la vida», podríamos decir que es un cadáver.

Morimos demasiado pronto. Por eso el ser humano necesita de la *memoria* (tanto del recuerdo como del olvido) para poder instalarse en su mundo. Una filosofía de la finitud es una filosofía del tiempo, y ésta es una filosofía de la memoria. Como tendremos ocasión de ver a lo largo de este ensayo, la memoria es una de las víctimas de la sociedad actual. Ciertamente. En la modernidad se produce una aceleración del

1. La brevedad de la vida

tiempo, aumenta la velocidad de la innovación hasta extremos insospechados, se incrementa también la velocidad a la que las cosas pasan de moda, y esto produce un profundo malestar. La aceleración del tiempo es una de las causas fundamentales del *malestar en la cultura*. Lo que sucede es que un exceso de velocidad y de cambio es intolerable. Los humanos no podemos soportar cualquier grado de innovación. Un cambio excesivo o, por decirlo en nuestro lenguaje, un futuro sin pasado, conlleva una grave crisis de sentido. Sin embargo, no querría dar la impresión de que deseo defender una vuelta atrás. No es eso, y no lo es, entre otras cosas, porque volver atrás es imposible. No. De lo que se trataría es de mantener la *tensión* entre la rapidez del mundo moderno y la lentitud propia de la vida humana. Porque cuando el futuro se libera del pasado, o cuando el pasado se libera del futuro, aparece la crisis.

Una antropología del tiempo (y, por tanto, de la memoria) nos dice que no hay pasado sin futuro y que no hay futuro sin pasado. Una antropología del tiempo es una antropología de la *tensión* entre la tradición y la innovación, entre la conservación y el cambio, es una antropología que cree que la vida sólo se puede vivir humanamente si descubre futuro en el pasado y pasado en el futuro, por eso la vida es memoria, porque ésta no es el simple recuerdo del pasado, sino aquel recuerdo del pasado que se utiliza para intervenir de un modo crítico sobre el presente y desear un futuro. La memoria es tiempo.

Una antropología del tiempo es una antropología de la transformación, una antropología que daría lugar a una pedagogía que cree que «formar es transformar». La transformación es, simultáneamente, novedad y persistencia de algo que ya era. Siempre transformamos *desde* lo que ya somos, desde lo que tenemos. Las transformaciones no son nunca absolutas, porque no hay nada absoluto en la vida, y si lo hubiera sólo podríamos comprenderlo relativamente. Las transformaciones no son absolutas, el futuro no está al margen del pasado. Si el futuro quedara desligado del pasado, o el pasado quedara desligado del futuro, no habría transformación sino deformación.

Una filosofía de la finitud supone resituarse en el tiempo, en un tiempo que mantiene la tensión entre el pasado y el futuro, entre la

Filosofía de la finitud

lentitud y la velocidad, entre la permanencia y el cambio, entre la herencia y la innovación. Una filosofía de la finitud nos dice que, precisamente porque en todo futuro hay pasado, un futuro que olvida su pasado se halla cercano al peligro totalitario. Una filosofía de la finitud advierte que al final siempre se encuentra la muerte, pero que los seres humanos no hemos venido al mundo para morir sino para comenzar algo nuevo, algo diferente. Una filosofía de la finitud, como veremos a lo largo de este ensayo, es una filosofía de la memoria, pero también del *deseo* que anhela un futuro en el que el verdugo no triunfe definitivamente sobre la víctima inocente, en el que ni el mal ni la muerte tengan la última palabra.

2. Vivimos en un mundo interpretado

> Y por eso yo me contengo y ahogo el grito de reclamo
> de un oscuro sollozo. Ay, ¿a quién podemos
> entonces recurrir? A los ángeles no, a los hombres, no,
> y los animales, sagaces, se dan cuenta ya
> de que no estamos muy seguros, no nos sentimos en casa
> en el mundo interpretado.
>
> (Rainer Maria Rilke)

Es por la palabra (o por las palabras) que los seres humanos nos instalamos en el mundo, un mundo que siempre es *nuestro* mundo. Pero la situación no es definitiva. Ya hemos dicho que el situarse del hombre en el mundo resulta en todo momento provisional, hasta el punto de que es necesaria en cada instante una recontextualización en función de los diferentes momentos de la vida. A este «instalarse en el mundo por la palabra» lo llamamos *interpretación*. Así pues, la interpretación no es sino una acción antropológica fundamental.[1] Sin ella no sería posible ubicarse en el mundo y éste no podría convertirse en un «mundo-con-sentido».

Precisamente porque el ser humano se sitúa en el mundo mediante la interpretación, podríamos decir —como lo hace Rainer Maria Rilke

---

1. Véase O. Marquard, «Pregunta por la pregunta cuya respuesta es la hermenéutica», en *Adiós a los principios*, Valencia, Alfons el Magnànim, 2000, págs. 125-152.

en la primera de sus *Elegías de Duino*— que no nos sentimos nunca seguros del todo en el mundo interpretado. En éste hay una *inseguridad esencial*. Todo debe ser revisado, porque los puntos de referencia que tenemos no son jamás definitivos. La interpretación, la recontextualización, la problematización abarcan la existencia humana. Por eso el final de la interpretación es la muerte.

2.1. *Interpretación y finitud humana*

En la interpretación comenzamos a descubrir una primera expresión de la presencia inquietante de la finitud. Si inevitablemente interpretamos el mundo es porque nunca somos absolutos, porque en el ser humano nada hay acabado, porque no vivimos en un *final* de trayecto, sino en *un* trayecto, porque somos finitos.

Desde esta perspectiva podríamos decir que *no hay un sujeto sustancial* que se realiza en la historia, sino que todo lo que podemos afirmar de la condición humana tiene lugar en *una* historia, en *un* tiempo narrado y, por tanto, en un *tejido de interpretaciones*. La misma condición finita del ser humano no tiene sentido sin hacer referencia al tiempo y al espacio concretos, porque la finitud también tiene que ser interpretada y vivida. La experiencia de la finitud depende del tiempo y del espacio, de *un* tiempo y de *un* espacio.

Si hay *una* historia, si hay *un* tiempo, quiere decir también que hay *otras* historias posibles, *otros* mundos. El ser humano es finito porque vive en un mundo, en una interpretación, pero *desde* esta interpretación puede imaginar *otros* mundos, diferentes, imposibles, improgramables, *imaginar mundos inimaginables*, y cambiar, transformar su mundo, variar sus puntos de vista, sus interpretaciones. A diferencia de muchos animales que se sienten *seguros* en su mundo, nosotros pasamos por delante de todo *como un aire que cambia*. «Nuestra vida se pasa transformando», como escribe Rainer Maria Rilke.[2]

2. R. M. Rilke, «Elegía séptima», en *Elegías de Duino*, trad. J. Talens, Madrid, Hiperión, 1999, pág. 79.

2. Vivimos en un mundo interpretado

La interpretación, pues, nos sitúa en el corazón mismo de la finitud. En la medida en que la vida humana se despliega en el tiempo, en *un* tiempo, y en el espacio, en *un* espacio, el final de la interpretación representaría el final de la vida. Vivir es interpretar, es asumir la precariedad, la fragilidad, la vulnerabilidad, es asumir un cierto riesgo, una cierta aventura, una cierta inseguridad. Si el ser humano vive en un mundo interpretado es porque le resulta ineludible la finitud, su condición espacio-temporal. La palabra humana muestra precisamente este cierto riesgo, esta cierta aventura. El hombre es un cuerpo que habla —ésta es su grandeza y su miseria—, y su palabra no es sólo un lenguaje. Hay especies animales que tienen sistemas de comunicación muy elaborados, pero no *hablan*. Hablar es la posibilidad de imaginar mundos inimaginables. La palabra que posee el ser humano tiene la libertad de imaginar un mundo, un mundo nuevo o una novedad dentro del mundo, pero al mismo tiempo —y eso resulta inquietante— también tiene la posibilidad de destruir ese mundo, de pervertirlo, de volverlo inhumano. Por eso sostengo que la palabra humana es inquietante, porque es ambigua, porque es capaz de curar o de destruir, de dar vida o de matar.

Hablar supone re-interpretar, porque nunca interpretamos de forma pura sino siempre *dentro* de una tradición simbólica. Interpretar es leer el pasado *desde* el presente, es leer el pasado en *un* presente que anticipa *un* futuro —la posibilidad de ser de otra manera, diferente, aunque nunca del todo diferente—. Interpretar es quedar abierto a una posibilidad siempre incierta, no del todo controlable ni planificable. Interpretar es permanecer abierto a la novedad, a la natalidad. La verdadera vida es fundamentalmente hermenéutica porque lo propio del ser humano es no tener nada propio, su definición es precisamente la falta de definición. El hombre tiene la necesidad de inventarse, de construirse, de llegar a ser. Interpretar, por tanto, consiste en escapar de todo determinismo, de toda frase o fase definitivas. Interpretar es interpretar*se*, narrar*se*, inventar*se*. Ahora bien, es necesario insistir en ello, nunca puede haber una interpretación absoluta, definitiva, última. Toda interpretación es —y debe ser— revisable, porque de no ser así nos encontraríamos en un *final de partida*. La interpretación es infinita precisamente porque *cada* interpretación es finita.

Filosofía de la finitud

El filósofo alemán Odo Marquard denomina *herencia de la tradición* a la necesidad impuesta a los hombres por su mortalidad, que los obliga a permanecer siempre de forma predominante en aquello que ya eran.[3] Para Marquard, la herencia de la tradición domina toda transformación. Según él, «los seres humanos no se despojarán jamás absolutamente de su pasado histórico; nunca son capaces de cambiar tanto como desean y, por supuesto, tampoco pueden cambiarlo todo, sino sólo una pequeña parte».[4]

Desde este punto de vista, la interpretación no clausura el cambio, sino que lo hace posible allí donde no lo era. Así, según Marquard, la interpretación nos permite efectuar transformaciones donde parecía imposible. Aunque, en ocasiones, el pasado no se puede cambiar, sí que es posible transformar la *relación* que establecemos con él, es decir, nuestra interpretación del pasado. Es verdad que nunca podemos liberarnos de nuestra procedencia y, quizá, tampoco sea lícito, pero podemos variar nuestra relación con ella.

Tiene razón Odo Marquard al considerar que el futuro necesita del pasado, pero habría que decir también que el pasado necesita del futuro. Es cierto que para defendernos de la caducidad del tiempo los seres humanos tenemos que retener y conservar. Pero hay que añadir que es necesario defenderse del *peso excesivo* del pasado mediante la interpretación y la transformación, a través del pensamiento y de la acción, pensando y actuando *de otro modo*... Pensar y actuar de otro modo quiere decir ser de forma diferente a la que se había previsto o planificado, o a la que otros habían previsto o planificado. En este sentido, podríamos transformar el viejo imperativo: «¡Llega a ser lo que eres!», por otro: «¡Llega a ser lo que *no* eres!»

Odo Marquard cree que la hermenéutica responde a la finitud humana, condicionada por la mortalidad, que la hermenéutica responde a la caducidad. Es verdad. La hermenéutica hace posible la retención cuando no hay capacidad de retención, por eso interpreta. Pero precisamente la interpretación impide que la finitud quede fijada

---

3. O. Marquard, *Adiós a los principios, op. cit.*, pág. 132.
4. *Ibid.*, pág. 133.

en el pasado y no pueda ser experimentada de otra manera, es decir, que no haya experiencia. Parece que en el momento actual vivimos en un mundo cambiante, pero esto sólo es cierto superficialmente. De hecho, se está imponiendo un perverso *monomitismo:* el *tecnoeconómico*, que clausura la interpretación (que siempre sería una pluralidad de interpretaciones) y que, al mismo tiempo, olvida al otro y las relaciones que se pueden establecer con él (especialmente la ética). Vivimos en un *universo pastoso* donde la supuesta realidad se impone dogmáticamente: «Hemos conquistado la realidad y perdido el sueño», escribe Robert Musil en *El hombre sin atributos.*[5]

Es evidente que en un mundo en el que aparentemente todo cambia (porque el mismo cambio es inmóvil), la hermenéutica permite la conservación de determinados puntos de referencia, aunque sean débiles, que posibilitan una *familiarización* sin la cual la existencia no sería posible. Pero no es menos cierto que la hermenéutica permite la utopía, el deseo de pensar que en el ser humano no hay nada totalmente definitivo, excepto la finitud misma (la tensión entre el nacimiento y la muerte). Esto resulta especialmente relevante en un universo como el tecnológico, en el que, bajo la apariencia del cambio y de la novedad, se impone una solidificación y una permanencia con resonancias totalitarias.[6]

2.2. *El ser humano como un ser de relaciones*

En este tejido de interpretaciones —muy a menudo contradictorio— en el que vivimos aparece una figura que muestra una nueva forma de la presencia inquietante de la finitud: *el otro*. Por eso el tejido de interpretaciones es también un tejido de relaciones. La finitud se

---

5. R. Musil, *El hombre sin atributos*, vol. 1, Barcelona, Seix Barral, 2001, pág. 42.
6. Podemos encontrar uno de los más brillantes análisis de este «totalitarismo» del universo tecnológico en la obra maestra de Günther Anders, *La obsolescencia del hombre*, 2 vols., Valencia, Pre-Textos, 2011.

expresa en la necesidad de establecer relaciones con los otros, en la necesidad ineludible de dar y de recibir. Y estas relaciones con los otros nos sitúan ante una dimensión fundamental desde un punto de vista antropológico: *la educación*.

Si somos interpretativos y relacionales somos también seres-en-educación. Más adelante veremos, no obstante, que *no* toda relación con los otros puede ser calificada de *educativa*, pero, de momento, hay que dejar claro que toda educación es, de una manera u otra, *relación*. Y esta relación (educativa o no) con los otros es el lugar en el que cada uno de los seres humanos puede encontrarse acogido o amenazado. A priori, el otro no es ni una amenaza ni un amigo, sino que en cada momento, en cada instante, puede llegar a ser amigo o enemigo. Por eso, puesto que la relacionalidad humana es imposible de eludir, la inseguridad que sentimos ante los otros también lo es. «Nada teme el hombre más que ser tocado por lo desconocido», escribe Elias Canetti al inicio de *Masa y poder*.[7]

Es cierto que para muchas personas esta inseguridad llega a ser insoportable. Hay entonces una renuncia a la interpretación y a la relacionalidad, en definitiva, al *riesgo* que supone toda existencia. Surgen, de este modo, fundamentalismos y sectarismos. Los unos y los otros intentan buscar y creen haber encontrado una *verdad absoluta*, un *principio metafísico*, un *punto de referencia inmóvil*, más allá de la finitud, desde donde poder guiarse y orientarse en el acontecer de la existencia. Nos situamos en este caso ante la *absolutización del ser humano*.

Una filosofía de la finitud, como la que se presenta en este ensayo, está en contra de cualquier absoluto porque sostiene que el hombre se encuentra en un mundo que él no ha escogido, que ha heredado una gramática, unos roles, mitos, rituales, y que, en todo caso, sólo puede revocarlos parcialmente, que ha recibido una lengua materna, y que

---

7. E. Canetti, *Masa y poder*, en *Obras completas I*, Barcelona, Galaxia Gutenberg, Círculo de Lectores, 2002, pág. 3. Dice aquí Canetti que el hombre intenta siempre eludir el contacto con *el extraño*. De noche, en la oscuridad, el terror ante un contacto inesperado puede convertirse en pánico. Ni siquiera la ropa ofrece suficiente seguridad, porque es muy fácil desgarrarla.

2. Vivimos en un mundo interpretado

está rodeado —bien o mal— por *otros* (la familia, los compañeros de escuela, los vecinos…). Su vida, su identidad, se construirá en función de la *calidad* de las relaciones que establezca con ellos. Tanto la presencia como la ausencia del otro es fundamental en toda vida. Si la relación que se establece con el otro es una relación de *responsabilidad*, de *compasión*, de *cuidado*, en la que es el *otro* el que llega a ser prioritario, diremos que existe una relación *ética*. Así pues, advierto desde ahora que designaré con el nombre de *ética* —que no debe confundirse con la *moral*— a una relación de alteridad, una relación de donación, de respuesta, de responsabilidad y de compasión hacia el otro, hacia la vida y la muerte del otro.[8]

Precisamente es esta relación ética con el otro la que, al mismo tiempo, limita la interpretación. Si el ser humano sólo fuera interpretación y no relación, aun cuando la interpretación pudiera ser portadora de sentido, éste no sería un sentido ético, porque la humanidad no se establece a priori, ciertamente, sino en función de *cómo se recibe* al otro, en función de *cómo se responde de* él. La relación ética es una relación de compasión y de responsabilidad, y la responsabilidad «nunca es un "estado", sino más bien una "pasión", un "pasar" por la vida escuchando, interpretando y respondiendo a las demandas del otro».[9]

2.3. *Educación* versus *adoctrinamiento*

No hay educación sin ética. Lo que distingue la *educación* del *adoctrinamiento* es precisamente que la primera posee ineludiblemente un componente ético. De todos modos también hay que advertir que una relación educativa (y, por tanto, ética), desde el punto de vista de una filosofía de la finitud, es siempre una relación problemática, inestable, porque la ética no es extraña a la ambigüedad y al conflicto.

---

8. Me ocupo de esta cuestión en mi libro *Ética de la compasión*, Barcelona, Herder, 2010.
9. L. Duch, *Armes espirituals i materials: Religió. Antropologia de la vida quotidiana 4.1*, Barcelona, Publicacions de l'Abadia de Montserrat, 2001, pág. 335, nota 14.

Filosofía de la finitud

La educación es ética, es una relación de *respuesta* al otro, y el educador es alguien apasionado por la palabra, por la transmisión de la palabra, por la acogida y la hospitalidad, por la donación. El educador es, en primer lugar, el que transmite la palabra *dicha*, la palabra del pasado, de la tradición, a un recién llegado, pero no para que éste la repita, sino para que la renueve, la vuelva a decir de otro modo, la convierta en «palabra viva». Pero, en segundo lugar, el educador también es aquel que recoge la palabra del otro, la nueva palabra, la del recién llegado. El educador escucha la palabra del otro y él mismo, desde ella, se transforma y se renueva. Un educador que no se forme en la formación no forma, sólo informa.

¿Y el pedagogo? Desde la perspectiva de una filosofía de la finitud —que es una filosofía profundamente crítica con *los órdenes discursivos*— el pedagogo sería alguien que practica el arte del desenmascaramiento. El pedagogo sería quien desenmascara las formas de control social de producción del discurso, quien desenmascara el poder constitutivo del sentido de las acciones educativas. No entiendo, entonces, la figura del pedagogo como aquella que crea los programas de integración en una cultura concreta, ni la del educador como el encargado de transmitir los contenidos científicos y los valores constitutivos de un sistema social. El pedagogo es quien practica el arte de la crítica, de la transmisión crítica, convirtiéndose en maestro si además es capaz de dar testimonio (sin tener que dar ejemplo). Como ya veremos más adelante, el maestro se sitúa muy cerca del poeta. La ilusión o el anhelo de ser otro es propio del poeta. El anhelo de dar al otro, de darse, ésta es también la ilusión del maestro, por eso todo maestro es un poeta, porque es alguien que «trata con la palabra», que *se da en sus palabras* y que acoge las palabras de los otros, que sabe escucharlas. Sin esta *sensibilidad para las palabras* que poseen los poetas no puede concebirse el arte de educar.

* * *

Como todo lo que afecta a los seres humanos, también la educación puede pervertirse. A la perversión de la educación la llamo *adoctrina-*

miento. La educación es adoctrinamiento si se convierte en un arma al servicio de cualquier forma de sectarismo, de fundamentalismo o de totalitarismo.

¿Cuándo sucede esto? En el instante en el que el educador es incapaz de transmitir la inquietante presencia de la finitud. Hacerlo significa dar testimonio de la provisionalidad, la ambigüedad, la fragilidad, la contingencia, la vulnerabilidad propias de la condición humana e inhumana. Sin esta inquietante presencia de la finitud la educación llega a ser fácilmente un arma al servicio del poder totalitario. El poder tiene miedo de la finitud. Una filosofía de la finitud, por tanto, es una crítica radical del poder.

Todo poder tiene miedo de la finitud o, lo que es lo mismo, del cambio, de la transformación. Como muy bien señaló Elias Canetti, *un escritor es alguien que está al cuidado de las metamorfosis*.[10] En un mundo consagrado al rendimiento y a la especialización, que no cuida la multiplicidad, en un mundo que prohíbe cada vez más la metamorfosis, pues la considera contraria al objetivo único y universal de la producción, «parece justamente un hecho de capital importancia el que haya gente dispuesta a continuar practicando, a pesar de él, este preciado don de la metamorfosis».[11] Este quehacer que, para Canetti, es propio del escritor podríamos aplicarlo al maestro.

El maestro es el que vive *en* la transformación de sus alumnos. Un maestro que no *se retire* para dejar pasar al otro, que no abra y se abra a la interpretación del otro, un maestro que no cuide la palabra viva del otro, lo que hace es adoctrinar, no educar. Existe maestría cuando el otro puede *nacer diferentemente* a su maestro, y cuando la relación maestro-discípulo llega a ser una relación deferente, solícita, responsable. Se recompensa mal a un maestro si se permanece siempre discípulo, como dice Nietzsche.

---

10. Véase E. Canetti, «La profesión de escritor», en *La conciencia de las palabras*, México, FCE, 1994, pág. 355.
11. *Ibid.*, pág. 357.

2.4. La modernidad como crisis de sentido

El sentido o, quizá mejor, la *búsqueda* del sentido de la existencia, es una de las expresiones más evidentes de la presencia inquietante de la finitud. Y es inquietante porque uno tiene la sensación (quizá cada vez más en aumento) de que, aunque es necesaria una clase u otra de sentido para orientarse en el mundo, ahora vivimos más que nunca en una crisis de sentido, ahora vivimos en un universo en el que el sentido se escapa. En otras palabras, tenemos, por un lado, *necesidad* y, por otro, *imposibilidad* de sentido. En la modernidad, como han escrito Peter Berger y Thomas Luckmann:

> El mundo, la sociedad, la vida y la identidad personal son cada vez más problematizados. Pueden ser objeto de múltiples interpretaciones y cada interpretación define sus propias perspectivas de acción posibles. Ninguna interpretación, ninguna gama de posibles acciones puede ser ya aceptada como única, verdadera e incuestionablemente adecuada.[12]

Ahora bien, el sentido viene dado, sin duda, tanto por la interpretación del mundo que nos rodea como por las relaciones que establecemos con los otros. Incluso podría decirse que la interpretación que uno realiza del mundo es deudora de las relaciones que establece con los demás. A partir de esas relaciones vemos el mundo de una manera determinada. Y si las interpretaciones y las relaciones son inestables el sentido también lo es. El sentido es frágil porque el ser humano es un ser de relaciones, porque es un ser vulnerable. Lo que diría una filosofía de la finitud es que hay que aprender a vivir en un mundo en el que el sentido no está nunca definitivamente dado, y donde las instituciones encargadas tradicionalmente de las transmisiones del sentido (o de los sentidos) están en crisis. Y esto no es fácil. La mayor parte de la gente se siente insegura y perdida en un universo confuso, lleno de posibilidades de interpretación, algunas de ellas vinculadas

---

12. P. Berger y Th. Luckmann, *Modernidad, pluralismo y crisis de sentido. La orientación del hombre moderno*, Barcelona, Paidós, 1997, pág. 80.

a modos de vida alternativos. Esta inseguridad provoca, además, la igualmente inquietante aparición de instrumentos destinados a paliar la inseguridad producida por el pluralismo. La sociedad moderna ha inventado nuevas instituciones para la producción y transmisión de sentido: psicoterapias de distinto tipo, orientadores sexuales y orientadores vocacionales (ambos servicios ya están disponibles en los colegios), cursos y seminarios especiales para la educación de adultos... Otra alternativa es ir a las librerías y escoger en las estanterías, llenas de literatura de autoayuda, la obra más adecuada a las actuales dificultades que afectan a nuestra vida exterior o interior.

Hay que añadir que el mismo *sistema tecnoeconómico* se ha encargado de compensar este déficit de sentido convirtiéndose en una nueva divinidad, en un nuevo tótem portador de seguridad que pone fin a la interpretación y que muestra que toda relación con el otro tiene que ser entendida también económicamente. Siempre te doy algo a cambio de que tú me lo devuelvas (y, si es posible, con intereses).

La modernidad es un proceso que poco a poco instaura, como mínimo, *tres* principios fundamentales. En primer lugar, niega la posibilidad de establecer relaciones no económicas o, lo que es lo mismo, gratuitas. Por tanto, está pasado de moda, por decirlo así, pensar que pueda haber relaciones éticas con los otros. La modernidad expulsa al otro, ve al otro como enemigo y se convierte en una cultura narcisista,ególatra. En segundo lugar, y en contra de lo que suele pensarse, nos hallamos en el fin de la interpretación y, por tanto, de la provisionalidad de los saberes, de los valores, de las ideas y de las creencias. Junto con la aparición de fundamentalismos y sectarismos, el mismo sistema tecnológico resulta ser un sustitutivo de la fe.[13] Finalmente, y como consecuencia de lo anterior, se instaura un monolingüismo, producto de la crisis de la palabra humana, en cuanto palabra plural. Este monolingüismo o monomitismo de las sociedades modernas es el resultado de la imposición del lenguaje del concepto, que no proviene de los científicos sino de la necesidad de los hombres y mujeres

---

13. Sobre este tema véase la obra de Mark C. Taylor, *Después de Dios*, Madrid, Siruela, 2011.

de asegurarse el sentido en un mundo donde no hay puntos de referencia estables. El sistema tecnológico quiere reducir la complejidad y la contingencia de la vida cotidiana, intenta controlar el azar y la novedad de los discursos y de los acontecimientos.

Sin embargo, si la crisis es intensa pero, al mismo tiempo, la palabra es necesaria para construir un mundo con sentido, ¿qué salida nos queda? Hay que mantener viva la presencia inquietante de la finitud. Esto significa *desconfiar* de todos los discursos que se presentan como infinitos, como objetivos, como «finales de trayecto», desconfiar de los discursos que pretenden haber descubierto «el Sentido», en mayúsculas, «el Sentido» intemporal, esencial, porque resultan, a corto o largo plazo, legitimaciones de prácticas totalitarias. Dicho en términos filosóficos, significa desconfiar de toda *metafísica*, de todo lo que se presente como Voz de «la Verdad», «el Bien», «el Ser», «la Totalidad».

Toda práctica totalitaria niega el «sentido humano», porque impide la novedad, el cambio, la ambigüedad, la fragilidad, la vulnerabilidad. El discurso totalitario que se cree portador del Sentido clausura el deseo, y al hacerlo impide la relación con el otro, con el que es diferente, con el que es incontrolable, con el que es inalcanzable. Estoy de acuerdo con Lluís Duch en que la «solución» de la cuestión y el drama del sentido no pasa ni por la solución teológica ni por la solución atea, sino por la solución *ética*. Desde este punto de vista, *el sentido es el otro*, porque el otro es mi trascendencia en el espacio y el tiempo que me son propios.[14]

Así, podría decirse, con Emmanuel Levinas, que «el sentido es el rostro del otro y todo recurso a la palabra se coloca ya en el interior del cara-a-cara original del lenguaje».[15] Pero decir que «el sentido es el otro» quiere decir también que el sentido es frágil, que no hay «un sentido», sino «sentidos», en plural, infinitos sentidos. Para una filosofía de la finitud el sentido nunca es del todo alcanzable, pues los seres humanos, como seres finitos, no podemos dejar de desear y

14. L. Duch, *Armes espirituals i materials: Religió, op. cit.*, pág. 270.
15. E. Levinas, *Totalidad e infinito. Ensayo sobre la exterioridad*, Salamanca, Sígueme, 1977, pág. 220.

2. Vivimos en un mundo interpretado

nunca poseemos *el* sentido definitivo y último de la vida. Por eso hay que continuar esperando, infinitamente... Este deseo —que Levinas llama *metafísico* para distinguirlo de un deseo *económico*, fundado en la necesidad— jamás puede ser satisfecho, ya que tiende hacia lo «radicalmente otro», un otro al que ni siquiera podemos comprender, sino únicamente responder de él, de su llamada, de su apelación, de su demanda...

3. La experiencia

> La experiencia decisiva, de la que se dice que es tan difícil de explicar para quien la haya vivido, no es ni siquiera una experiencia. No es más que el punto en el que rozamos los límites del lenguaje.
>
> (Giorgio Agamben)

Desde el punto de vista de una filosofía de la finitud, la experiencia que uno tiene del mundo, de los otros y de sí mismo siempre resulta ineludible e irrevocablemente una experiencia de la contingencia, es decir, una experiencia de la indisponibilidad, de la fragilidad y de la vulnerabilidad.

La que llamo «experiencia de la contingencia» no es más que la de aquel que sabe que no es amo y señor del tiempo, «pues el hombre experimentado conoce los límites de toda previsión y la inseguridad de todo plan».[1] Este punto de vista tiene unas consecuencias éticas y políticas de gran importancia, porque la experiencia de la contingencia es también la del límite de todo dogmatismo. Escribe Gadamer:

> La verdadera experiencia es aquella en la que el hombre se hace consciente de su finitud. En ella encuentran su límite el poder hacer y la autoconsciencia de una razón planificadora. Es entonces cuando se desvela como una pura ficción la idea de que se puede dar marcha atrás del todo, de

1. H.-G. Gadamer, *Verdad y método*, Salamanca, Sígueme, 1997, pág. 433.

que siempre hay tiempo para todo y de que de un modo u otro todo acaba retornando. El que está y actúa en la historia hace constantemente la experiencia de que nada retorna.[2]

3.1. La nostalgia del Absoluto

Una experiencia básica de los seres humanos en el mundo es la de la provisionalidad, la del paso del tiempo, la de la muerte... La experiencia de la contingencia muestra que vivimos en un universo en el que no hay puntos de referencia fijos e inmutables. Los horizontes absolutos se han borrado, y esto nos provoca desasosiego. Sin duda, a los seres humanos nos cuesta enormemente vivir en la complejidad y en la carencia de puntos de referencia estables.

Hans Blumenberg ha mostrado, en su obra capital, *Trabajo sobre el mito* (1979), cómo el universo se convierte ante la mirada humana en algo completamente infundado, en un ámbito en el que la falta de fundamentación última es la expresión de su absoluta contingencia.[3] Según Blumenberg, el universo no tiene ni fundamento ni propósito. En toda vida hay una especie de *absolutismo de la realidad*. Éste es uno de los conceptos capitales de la obra del filósofo alemán. Blumenberg define el *absolutismo de la realidad* de la siguiente manera: *el ser humano no tiene en sus manos las condiciones de su existencia, o todavía más, desgraciadamente cree que no las tiene.*[4] Para Blumenberg,

---

2. H.-G. Gadamer, *Verdad y método, op. cit.*, págs. 433s.
3. Véase H. Blumenberg, *Arbeit am Mythos*, Frankfurt, Suhrkamp, [5]1990 (trad. cast., *Trabajo sobre el mito*, Barcelona, Paidós, 2003). Para la lectura de Blumenberg sigo especialmente a F. J. Wetz, *Hans Blumenberg. La modernidad y sus metáforas*, Valencia, Novatores, 1996.
4. H. Blumenberg, *Arbeit am Mythos, op. cit.*, pág. 9. Como dice Wetz, según Blumenberg, aunque esta idea sólo resulta comprensible desde la modernidad, aquello que todos tratan de eliminar es el trasfondo de todos los sistemas interpretativos occidentales (F. J. Wetz, *Hans Blumenberg..., op. cit.*, pág. 78). Precisamente éste es el sentido del mito, el conjunto de historias para hacer frente al absolutismo de la realidad (véase L. Duch, *Mite i interpretació. Aproximació a la logomítica II*, Barcelona,

3. La experiencia

el absolutismo de la realidad es un problema al que ha de hacer frente continuamente toda la humanidad y al que hacen referencia todos los relatos míticos y, en parte, también las construcciones científicas.[5] Tanto el mito como la ciencia pueden ser explicados como intentos de romper con el absolutismo de la realidad. La historia del pensamiento occidental es la historia de los múltiples esfuerzos del hombre por defenderse del absolutismo de la realidad. De lo que se trata siempre e ineludiblemente no es de dominar el universo, sino de distanciarse de él. Así pues, la experiencia humana del cosmos no es una experiencia de admiración sino de miedo, de angustia, de desconfianza. El universo aparece como algo desordenado y anónimo. Esto despierta un temor insoportable. Entonces, el hombre intenta configurar su indeterminado campo de experiencia y buscar un horizonte de sentido. El mito es, para Blumenberg, la elaboración transformadora del horror ante lo desconocido y lo prepotente.[6]

En este sentido, como ha señalado Odo Marquard, el título con el que Wilhelm Nestle (1865-1959) describió la cultura griega (*Vom Mythos zum Logos* [Del mito al logos]) ha superado su referente originario para acabar caracterizando el recorrido universal de la conciencia. Dicho de otro modo: la historia de la humanidad sería, desde esta perspectiva, un incesante proceso de desmitologización. Pero, según Marquard, algo así es una falacia.[7] El ser humano no puede vivir sin

---

Publicacions de l'Abadia de Montserrat, 1996, pág. 222). Escribe Blumenberg que la función del mito es la reducción de la angustia provocada en el hombre por todos los poderes desconocidos que le rodean (H. Blumenberg, *Arbeit am Mythos, op. cit.*, pág. 597; véase también Ch. Jamme, *Introducción a la filosofía del mito en la época moderna y contemporánea*, Barcelona, Paidós, 1999, pág. 189).
5. Véase H. Blumenberg, *La risa de la muchacha tracia. Una protohistoria de la teoría*, Valencia, Pre-Textos, 2000, pág. 10, donde Blumenberg señala, a partir de la anécdota de Tales de Mileto, que cayó en un pozo al caminar mirando al cielo, el papel de la teoría. Éste no es otro que liberar a la gente del miedo de un acontecimiento natural. «Que la teoría es buena contra el miedo valdrá de ahora en adelante durante milenios.»
6. H. Blumenberg, *Arbeit am Mythos, op. cit.*, pág. 424.
7. O. Marquard, «Elogio del politeísmo. Sobre monomiticidad y polimiticidad»,

mitos, y la muerte del mito significa ella misma un mito. Sin él el ser humano no soportaría la experiencia de la contingencia porque no tendría ámbitos de protección. No podemos vivir sin mitos porque el mito es un relato, una *historia protectora*. Vivir sin mitos sería lo mismo que vivir sin historias, y eso es imposible: *narrare necesse est*. Toda desmitologización es un proceso compensatorio: cuanto más procuramos deshacernos de los mitos, más mitos aparecen.

* * *

De esto mismo es de lo que George Steiner trata en sus conferencias de otoño de 1974 tituladas *Nostalgia del Absoluto*. Según él, las fuentes vitales de la teología, de una convicción doctrinal, sistemática y trascendente se habrían agotado. Así, «la historia política y filosófica de Occidente a lo largo de los últimos 150 años puede ser entendida como una serie de intentos —más o menos conscientes, más o menos sistemáticos, más o menos violentos— de llenar el vacío central dejado por la erosión de la teología. Este vacío, esta oscuridad en el mismo centro, era debida a la muerte de Dios».[8] Pero, sigue Steiner, «las mitologías fundamentales elaboradas en Occidente desde comienzos del siglo XIX no sólo son intentos de llenar el vacío dejado por la decadencia de la doctrina cristiana y el dogma cristiano. Son una especie de teología sustituta».[9] Los mitos sustitutivos son profundamente antirreligiosos, pueden postular un mundo sin Dios, pero tienen una estructura claramente religiosa, en su estrategia y en sus efectos. Tenemos, pues, *nostalgia* del Absoluto, del monomitismo. No podemos vivir sin mitos, porque sin ellos la experiencia de la contingencia sería insoportable.

Se abre, en consecuencia, una situación de ambivalencia. Por una parte, como dice Blumenberg, habría un intento de distanciarse de una realidad absoluta, prepotente, silenciosa. «El silencio eterno de estos espacios infinitos me aterroriza» (Pascal). Pero, por otra, una vez

---

en *Adiós a los principios*, Valencia, Alfons el Magnànim, 2000, pág. 101.
8. G. Steiner, *Nostalgia del Absoluto*, Madrid, Siruela, 2001, pág. 15.
9. *Ibid.*, pág. 19.

que ha tenido lugar la separación y la distancia, aparece la nostalgia del Absoluto, el miedo al relativismo. Esto produce un nuevo proceso de *reencantamiento* del mundo. ¿Pero de qué tipo? La pregunta de Steiner resulta muy pertinente: *¿puede la ciencia satisfacer la nostalgia del Absoluto?* En buena medida sí, pero a condición de volverse un *mythos*, un monomito poderoso que haga que los seres humanos recuperemos la confianza y la tranquilidad. Ahora bien: *todo monomito es peligroso.* Y en esta situación nos encontramos ahora. Naturalmente no se puede generalizar, pero es casi una obviedad señalar que estamos viviendo una época de «fundamentalismo científico» o, mejor todavía, de «fundamentalismo tecnológico». Valores como la «velocidad», por ejemplo, son propios de una cultura tecnológica, de una cultura en la que la tecnología ya no es un instrumento, como se dice a menudo, que puede ser utilizado bien o mal, a favor o en contra de los seres humanos. La tecnología no es un instrumento sino un sistema, un *sistema social*, una forma de vida, una concepción del mundo. En el sistema tecnológico no hay ninguna clase de nostalgia del Absoluto, pues es la misma tecnología la que se ha absolutizado.

3.2. *Hacia una razón impura*

De este modo, si bien no sería correcto creer en el paso del mito al logos, entre otras cosas porque —al menos desde una perspectiva antropológica— es imposible, no es menos cierto que buena parte de la historia de la filosofía contemporánea puede interpretarse desde el punto de vista de la *desmitologización*. Si hay, como veremos, una íntima relación entre experiencia, contingencia y mito, entonces el proceso de desmitologización comporta, finalmente, una crisis de la experiencia y una crisis del lenguaje narrativo.

Como ha establecido Jacques Derrida a lo largo de sus obras, la filosofía occidental se ha configurado frecuentemente como una *metafísica de la presencia*, es decir, se ha construido como un sistema de conceptos, de jerarquías, de oposiciones: presencia/ausencia, inteligible/sensible, dentro/fuera, razón/pasión, logos/*mythos*, alma/cuerpo, masculino/femenino… En esta cadena jerarquizada, el primer término, el término «superior», pertenece a la presencia y al logos, mientras que el segundo denota invariablemente una caída, una pérdida de presencia y de racionalidad. Esto mismo es lo que ha sucedido con la *experiencia*.

Tradicionalmente, y en líneas generales, podríamos decir que la experiencia ha sufrido un desprestigio en filosofía, al menos en la filosofía *metafísica*, que ha sido la predominante en el mundo occidental. En este sentido Gadamer sostiene, en *Verdad y método*, que el concepto de experiencia es uno de los más confusos.[10] La moderna teoría científica, por ejemplo, ha tenido como propósito objetivar la experiencia hasta que ha quedado libre de cualquier momento histórico. La ciencia ha convertido la *experiencia* en *experimento*. En la tradición filosófica la experiencia ha sido concebida como un modo de conocimiento inferior, quizá necesario como punto de partida, pero inferior. Por eso el saber filosófico (en el sentido de metafísico) parece que sólo ha valorado la experiencia como inicio del verdadero conocimiento o, en ocasiones, la ha convertido en experimento. Pero los experimentos han de ser revisables, tienen que poder ser sometidos a control. Mientras que en la experiencia se da la sorpresa y la novedad, se da la imprevisibilidad, en el experimento estas características son vistas negativamente. En el experimento se busca la confirmación, mientras que en la experiencia se busca la aventura. En este sentido creo que puede decirse que la experiencia ha sufrido un desprestigio cada vez más acentuado a favor del experimento. Una experiencia será válida en la medida en que sea confirmable y, por eso mismo, para la ciencia la dignidad de la experiencia radica en su reproducibilidad.

La distinción que Platón establece entre el *mundo sensible* y el *mundo inteligible* equivale (al menos en parte) a la distinción entre *experiencia* y *razón*. La experiencia es, para él, un conocimiento del mundo que cambia y, por tanto, está más cerca de la *opinión* que del *verdadero saber*. Hay, pues, en Platón, un desprestigio de la experiencia. En el caso de Aristóteles la experiencia está integrada dentro

---

10. H.-G. Gadamer, *Verdad y método, op. cit.*, pág. 421.

3. La experiencia

de la estructura del conocimiento, siendo necesaria, pero no suficiente. «La experiencia no es la ciencia misma, pero es su presupuesto necesario.»[11] La *empeiría* es inferior al arte *(techné)* y a la razón o la ciencia, porque, según Aristóteles, es aprehensión de lo singular, y sin esto no puede haber ciencia, pero la ciencia sólo puede ser ciencia de lo universal. Aristóteles dice claramente que la *empeiría* parece, en cierto modo, semejante a la *techné* y a la *episteme*, que a éstas últimas se llega a través de la primera, que en la vida práctica la experiencia no es inferior a la *techné*, y que esto es así porque aquélla es el conocimiento de las cosas singulares y la *techné* lo es de las universales. Por tanto, admite que la experiencia es muy importante en algunas profesiones, y pone el ejemplo de la medicina. Pero, sin embargo, añade que el saber está más próximo a la *techné* que a la experiencia, y que es más sabio el que conoce la *techné* que el que posee un conocimiento «experiencial». En definitiva, como señala Gadamer, «lo que le interesa a Aristóteles en la experiencia es únicamente su aportación a la formación de los conceptos».[12]

No es éste el lugar adecuado para hacer un estudio exhaustivo de la evolución del concepto de *experiencia* a lo largo de la historia de la filosofía. Sólo quiero poner brevemente de manifiesto algunos ejemplos más. Según Francis Bacon, la experiencia es el fundamento último del conocimiento. Pero quizá, en nuestro lenguaje, la apología de la experiencia que hace Bacon, en el fondo, estaría más cercana a una apología del experimento o de la experimentación. Por otro lado, en el caso de los autores calificados de racionalistas, aunque no puede decirse que estén en contra de la experiencia, sí que consideran que es un acceso confuso a la realidad. Descartes, por ejemplo, al final del primer capítulo de *Discurso del método*, después de hablar de la educación recibida y de los viajes realizados por el mundo, dice que, una vez que se ha intentado alcanzar alguna experiencia, resulta igualmente necesario estudiar, indagar, en el interior de uno mismo, y esto, añade, le salió mucho mejor, a su juicio, que si no se hubiese

---

11. H.-G. Gadamer, *Verdad y método, op. cit.*, pág. 426.
12. *Ibid.*, pág. 428.

nunca alejado de su tierra y de sus libros. De hecho, una de las reglas básicas del método cartesiano consiste en desconfiar de la experiencia y en hacer un uso exclusivo de la razón.

Como ha puesto de manifiesto Stephen Toulmin en su libro *Cosmópolis*, el escepticismo se ha considerado desde Descartes como algo negativo. Pero, de hecho, los humanistas escépticos como Montaigne creían que no era posible tratar cuestiones, sean del tipo que sean, al margen del contexto, de la historia y de la experiencia. Según ellos no tenemos que avergonzarnos de nuestros límites. Tolerar la pluralidad, la ambigüedad, la falta de certeza no es, según el humanismo del Renacimiento y a diferencia de la filosofía cartesiana y poscartesiana, ni un error ni tampoco un pecado, sino el precio que hemos de pagar por ser humanos.[13]

Descartes consideraba que la verdadera comprensión filosófica nunca era el resultado de acumular experiencia sobre determinados individuos o casos específicos. Tanto para él como para la filosofía poscartesiana las cuestiones temporales no tienen ninguna importancia en filosofía. Lo que les interesa es la permanencia. En la modernidad, desde el siglo XVII en adelante, las cuestiones de orden práctico y temporal no fueron consideradas como genuinamente filosóficas. Como dice Toulmin, a partir de la época de Descartes la atención se centra en principios atemporales que rigen para todas las épocas por igual, de manera que lo transitorio deja paso a lo permanente.

Los filósofos ya no se ocupan de los detalles particulares, concretos y locales. Los problemas filosóficos tienen que enunciarse con independencia de cualquier situación histórica concreta, y deben poder resolverse con métodos independientes del contexto. En la filosofía poscartesiana, como es el caso de Leibniz, persistirá esta idea: la experiencia proporciona únicamente proposiciones contingentes, y las verdades eternas sólo pueden alcanzarse mediante la razón.

Finalmente, aunque en Kant la experiencia resulta decisiva en la razón teórica no sucede lo mismo con la razón práctica, que es la que

---

13. S. Toulmin, *Cosmópolis. El trasfondo de la modernidad*, Barcelona, Península, 2001, pág. 59.

3. La experiencia

más nos interesa en este ensayo. En su *Fundamentación de la metafísica de las costumbres*, Kant dice claramente que el fundamento de la obligación moral no puede buscarse en la experiencia sino en la razón pura práctica, en el deber, en la buena voluntad, que es la voluntad de actuar no sólo según o en conformidad con el deber, sino *por deber*. Kant quiere elaborar una filosofía moral pura, «limpia de todo cuanto pueda ser empírico y perteneciente a la antropología», o, en otras palabras, al margen de la experiencia:

> ¿No se cree que es de la más urgente necesidad el elaborar por fin una filosofía moral pura, que esté enteramente limpia de todo cuanto pueda ser empírico y perteneciente a la antropología? [...] Todo el mundo ha de confesar que una ley, para valer moralmente, esto es, como fundamento de una obligación, tiene que llevar consigo una necesidad absoluta. [...] Que, por lo tanto, el fundamento de la obligación no debe buscarse en la naturaleza del hombre o en las circunstancias del universo en que el hombre está puesto, sino a priori exclusivamente en conceptos de la razón pura, y que cualquier otro precepto que se funde en principios de la mera experiencia, incluso un precepto que, siendo universal en cierto respecto, se asiente en fundamentos empíricos, aunque no fuese más que en una mínima parte, acaso tan sólo por un motivo de determinación, podrá llamarse una regla práctica, pero nunca una ley moral.[14]

La razón pura práctica, y de ningún modo la experiencia, es la que según Kant *prescribe* la ley moral. El sujeto moral kantiano descubre la universalidad de la ley como un *factum* de esta razón pura práctica. Para él se trata, pues, de hacer abstracción de los datos sensibles, culturales y sociales, de la experiencia en definitiva, para así descubrir la obligación moral. Ésta se impone apodícticamente prescindiendo de las exigencias relativas a un tiempo y a un espacio concretos.

No cabe duda de que si hay una filosofía moral contraria a la experiencia Kant es su máximo representante. En su ética, la «cosa en

---

14. I. Kant, *Fundamentación de la metafísica de las costumbres*, Madrid, Espasa Calpe, 1977, págs. 18s.

Filosofía de la finitud

sí», ahora moralizada, recibe la herencia de la vieja metafísica dogmática que tanto había criticado en su *Crítica de la razón pura*. Como ha escrito Rüdiger Safranski, «cosa en sí», «libertad» y «ley moral» quedan ligadas en la razón práctica, la cual compensa el vacío del cielo exterior con un cielo de moralidad en el interior del hombre. Mientras que, según Kant, las categorías de la razón teórica pueden trabajar sólo cuando son utilizadas como condición de la experiencia posible, con la razón práctica sucede exactamente lo contrario: ésta tiene validez únicamente si se opone a las reglas práctico-morales de la experiencia.[15]

* * *

Por mi parte, y lo diré claro y breve, voy a defender —en referencia a la ética y a la experiencia— una posición radicalmente antikantiana. Esto no quiere decir más que, desde el punto de vista de una filosofía de la finitud, la razón no tendrá que ser «pura» para ser «legítima», sino todo lo contrario. En este sentido, una filosofía de la finitud estaría mucho más próxima a Nietzsche, especialmente a aquellas interpretaciones del pensador alemán que destacan su *perspectivismo*, su negación de la «cosa en sí», y la interpretación de la «voluntad de poder» como relacionalidad.[16]

Para una filosofía de la finitud no existe posibilidad de «pureza» de ninguna clase, ni en la razón teórica ni en la práctica. Siempre comenzamos desde un tiempo y desde un espacio que nosotros no hemos escogido. Toda teoría, todo conocimiento, toda ética, toda

---

15. Arthur Schopenhauer, gran seguidor de Kant en lo que respecta a la razón teórica, se separa del filósofo de Königsberg en este punto. Véase R. Safranski, *Schopenhauer y los años salvajes de la filosofía*, Madrid, Alianza, 1998, págs. 166 y 224. Sobre esta cuestión vuelvo a ocuparme en mi libro *Ética de la compasión*.
16. Para mí hay, traducidas al castellano, dos interpretaciones excepcionales de la obra de Nietzsche: la de Alexander Nehamas, *Nietzsche, la vida como literatura*, Madrid, Turner, FCE, 2002, y la de Pavel Kouba, *El mundo según Nietzsche*, Barcelona, Herder, 2009.

3. La experiencia

estética están, por tanto, ineludiblemente «contaminadas» por nuestra experiencia, por la nuestra y por la de nuestros antepasados y nuestros contemporáneos, que configuran la gramática, la tradición simbólica, en la que hemos nacido.

Nunca hay nada —ninguna afirmación, ninguna teoría, ningún principio, ningún valor...— que esté libre de contexto. Éste es uno de los postulados fundamentales de la filosofía de la finitud: *no hay texto sin contexto*. Cuando nos enfrentamos a problemas intelectuales o prácticos no podemos borrar del todo la pizarra ni comenzar de cero como exige Descartes en el *Discurso del método*. Esto, dicho con otras palabras, significa que no hay nada absoluto en la vida humana, que siempre estamos en camino, en *trayecto*, que toda razón (también la práctica) es una razón impura, anclada en la historia, en la experiencia de cada uno, en una gramática. No hay punto cero. La idea según la cual podríamos liberarnos de la tradición, de la cultura, de la lengua materna, de los prejuicios, es un (mal) sueño. Sería como suponer que hay ser humano más allá del tiempo y del espacio, y eso es imposible, pues no hay ninguna certeza atemporal.

Lo único que podemos hacer como seres humanos es reconocer nuestro tiempo y nuestro espacio, y comenzar desde aquí, desde donde estamos, desde nuestra tradición, desde nuestra época. No tenemos ningún tipo de posibilidad de escapar de nuestra gramática, de nuestra herencia conceptual, lingüística y simbólica. Para los seres humanos no existe ninguna posibilidad extragramatical. Toda situación humana está históricamente condicionada, aunque esto no quiere decir que se deba renunciar a lo universal, sino más bien que a lo universal sólo se puede llegar desde lo particular.

3.3. *Experiencia y aprendizaje*

La experiencia es una pasión, un suceso, un acontecimiento. Improgramable, implanificable, impensable... La experiencia es lo que nos sorprende, lo que nos rompe. La experiencia no es ni lo que hacemos ni lo que nos hace, sino *lo que nos deshace*.

Filosofía de la finitud

La experiencia no nos hace expertos, en el sentido de que no nos ayuda a resolver definitivamente los problemas, porque los problemas fundamentales de la vida no se pueden resolver. La experiencia no es un manual que se ha de consultar cuando se tiene que solucionar un problema. Pero, a pesar de esto, es una fuente de aprendizaje, de formación, de transformación (y, por eso, también, puede serlo de deformación). La experiencia es una verdadera fuente de aprendizaje de la vida que no nos permite solucionar problemas sino *encararlos*. Nos da un *saber singular* que nadie puede vivir por nosotros, un modo de resituarnos ante un problema, pero jamás nos ofrece una solución (al menos una solución definitiva). Cuando uno habla de «tener experiencia» no puede querer decir de ninguna de las maneras que posee la clave para resolver las cuestiones que le asaltan en su vida cotidiana. Por eso diré, con Gadamer, que

> [...] la verdad de la experiencia contiene siempre la referencia a nuevas experiencias. En este sentido la persona a la que llamamos experimentada no es sólo alguien que se ha hecho el que es a través de experiencias, sino también alguien que está abierto a nuevas experiencias.[17]

Alguien experimentado no es una persona que ya lo sabe todo o que sabe más que nadie. Más bien, el hombre experimentado es siempre no dogmático, porque ha vivido tantas experiencias y ha aprendido de tanta experiencia está particularmente capacitado para volver a vivir experiencias y aprender de ellas.[18] A nadie se le puede privar de vivir una experiencia (porque, como ya se ha dicho, la experiencia no se programa sino que acontece), ni nadie puede vivir una experiencia en lugar de otro. Eso sí, la experiencia puede ser rememorada y renovada. En este sentido, está anclada en un tiempo y en un espacio. En toda experiencia vivimos el recuerdo del pasado. Pero en el recuerdo de la experiencia pasada se vive una nueva experiencia, una experiencia diferente, única. Y también en toda experiencia hay futuro, posibilidad

---

17. H.-G. Gadamer, *Verdad y método, op. cit.*, pág. 431.
18. *Ibid.*, pág. 432.

3. La experiencia

de ser de otro modo, posibilidad de transformación, porque ninguna experiencia es definitiva, por eso esa posibilidad de ser no es una posibilidad de ser algo o alguien *definitivamente*.

Si bien es cierto, como ya he dicho, que siempre somos en un tiempo y en un espacio, en una gramática, no lo es menos el hecho de que podemos transformarnos, de que podemos imaginar mundos alternativos, de que no podemos imaginar un mundo terminado a menos que nos instalemos en un sistema totalitario. Padecemos experiencias, aprendemos de las experiencias que nos suceden, pero podemos establecer relaciones con las experiencias que en cada momento de nuestras vidas nos hacen ser diferentes de quienes éramos antes. Nunca hay experiencias idénticas, así como tampoco hay identidad invariable.

Padecemos una experiencia, aprendemos de las experiencias y esperamos a menudo cambiar nuestras vidas. Pero en la medida en que hay expectativa también hay frustración y fracaso. Por eso toda experiencia es también una experiencia de decepción. Debería remarcarse esta idea: la decepción es una importante fuente de aprendizaje. Pero no hay que entender esta decepción sólo como algo doloroso, sino también precisamente en el sentido que adoptamos en este libro: la experiencia es siempre, de una manera o de otra, experiencia de la finitud. Esto no quiere decir ni más ni menos que lo que sigue: el ser humano no es Dios, no es omnipotente ni inmortal. Su vida es breve, contingente. La experiencia de la finitud es la experiencia de los límites de la existencia humana, es la experiencia de aquel que descubre que no es totalmente ni amo ni señor de su vida, que ha nacido en un momento histórico, en un tiempo y en un espacio, y que morirá. Ésta es una experiencia común a muchas personas diferentes. Desde diversas culturas y tradiciones simbólicas los seres humanos hemos padecido la experiencia de la finitud, la que nos enseña los límites de la planificación, de la innovación y del cambio.

Es necesario ahora recordar una idea importante que preside todo este ensayo: no defino la finitud, por supuesto, como muerte. La finitud es, sobre todo, una experiencia que expresa el tiempo vivido entre el nacimiento y la muerte. Dicho de otro modo: antes no existíamos y algún día dejaremos de existir. Somos historia, contingencia e innovación, pasado y futuro *en el presente*. La experiencia límite de la vida humana es la experiencia de la contingencia, del hecho de descubrirnos en un tiempo y en un espacio que ninguno de nosotros ha escogido. Esto supone, poco o mucho, una cierta desazón. Además, en un universo en el que los grandes relatos —los mitos fundadores— han entrado en una profunda crisis, la cuestión aún resulta más enigmática y angustiante. La pregunta ahora es obvia: ¿cómo vivir la experiencia de la contingencia en un mundo desencantado?

3.4. *Experiencia y narración*

Acabamos de ver que la experiencia, de un modo u otro, es siempre experiencia de la finitud, porque como acontecimiento propiamente humano se da inevitablemente en un tiempo y en un espacio concretos y, por tanto, finitos. La experiencia es una fuente de aprendizaje que muestra al ser humano singular su propia e ineludible finitud. Subjetividad, transmisión, narración, testimonio y, finalmente, aprendizaje. Éstas son algunas características fundamentales de toda experiencia.

En nuestra vida cotidiana padecemos experiencias constantemente. Las experiencias se «padecen». «Padecer una experiencia» es como salir de viaje, como ir de uno mismo hacia lo otro, hacia el otro, como abandonar el propio hogar e iniciar un paseo hacia lo desconocido, hacia lo indominable, hacia lo imprevisible.

La experiencia rompe todo solipsismo, toda afirmación absoluta, todo posicionamiento absoluto sobre uno mismo. Cuando alguien padece una experiencia —si de verdad es una experiencia y no un experimento— sufre una salida de sí mismo hacia el otro, o hacia sí mismo como otro, ante otro, frente a otro. Y en este salir de uno mismo hay una transformación. La experiencia nos transforma.[19]

---

19. En una entrevista, Michel Foucault decía que una experiencia es algo de lo que uno mismo sale transformado (véase M. Foucault, «Entretien avec Michel Foucault», en *Dits et écrits* [1954-1988], vol. 4, París, Gallimard, 1994, pág. 41). En esta entrevista Foucault relaciona el concepto de experiencia con el de escritura. Escribir

3. La experiencia

A diferencia de la mera vivencia, que es un viaje interior, la experiencia supone hacer un trayecto hacia afuera, un trayecto en el que uno si se encuentra a sí mismo es respondiendo a otro, a las demandas del otro, a las solicitudes del otro, y no tiene más remedio que dar respuesta a ese desafío, a ese acontecimiento. La experiencia, pues, es inseparable de la exterioridad y, por tanto, de la ética. Una experiencia que no sea una fuente de respuesta ética puede convertirse peligrosamente, como veremos más adelante, en un artefacto al servicio del mal.

En una palabra, la interioridad sólo puede alcanzarse *en* y *desde* la exterioridad, nunca al margen de ella. Esto no significa en ningún caso que defienda una ética arracional o irracional, sino que toda razón, incluso la razón práctica (y no sólo la razón teórica), para ser legítima tiene que ser *impura*, tiene que basarse en la experiencia. Como he señalado antes, me sitúo, entonces, en una posición, en lo que respecta a la ética, radicalmente antikantiana. Desde mi punto de vista, una ética que quiera constituirse con independencia de la experiencia (como es el caso de Kant), sería una ética inhumana, porque se situaría fuera del tiempo y del espacio, fuera de la contingencia y de la novedad, fuera del devenir, y algo así no sólo es imposible sino que incluso es perverso.

Es cierto que, al menos desde el punto de vista de una ética metafísica como la kantiana o la poskantiana, se me puede acusar de subjetivismo, hasta de relativismo. Es verdad. ¿Por qué no asumirlo? Es evidente que la experiencia siempre es subjetiva y relativa. No tiene pretensiones de objetividad. No puede tenerlas. La experiencia es incontestable, no puede validarse, no depende de ningún tipo de estudio estadístico, no posee valor científico. Su valor es únicamente testimonial. Y esta experiencia puede darse al otro, no en el sentido de que el otro pueda vivir mi experiencia o yo pueda vivir

---

un libro es hacer una experiencia y, por tanto, él no sabe qué dirá en el momento de comenzarlo. Por lo mismo, un libro lo transforma y transforma aquello que él piensa. Foucault se autodefine como un «experimentador» y de ningún modo como un «teórico».

la experiencia del otro, sino en el sentido de que se puede transmitir para que el otro pueda re-vivirla. Dicho clara y brevemente: otro puede aprender de mi experiencia sólo si él mismo padece la suya. Transmitir una experiencia, condición por otro lado de toda experiencia educativa, significa dar una apertura a una experiencia nueva, diferente..., porque toda experiencia es singular, toda experiencia es diferente.

* * *

Al vivirse, al padecerse y al transmitirse, la experiencia necesita del lenguaje. Pero ¿qué lenguaje? ¿Cuál es el lenguaje de la experiencia? La respuesta a esta pregunta la dio hace muchos años Walter Benjamin: el lenguaje de la experiencia es el lenguaje de la *narración*. Renunciar a la narración como fuente de conocimiento supone renunciar a la experiencia y, por tanto, al tiempo y al espacio, a la historia, a la finitud, en definitiva. Pero también supondría una renuncia a la *singularidad*, al ser humano de carne y hueso, que nace, vive, padece, goza y muere, sobre todo muere. Desde el punto de vista de una filosofía de la finitud sólo *lo narrativo* (lo poético, lo estético) es sensible a la subjetividad, a la particularidad y a la singularidad de la experiencia. Porque hay que recordar que *de singularibus non est scientia*.

La experiencia tiene que ser narrada, necesita del lenguaje de la narración, del lenguaje literario. La literatura expresa experiencias y, en consecuencia, no son tan importantes las respuestas que el escritor da a las cuestiones (grandes o pequeñas), sino las preguntas que formula. Lo mismo pasa con la vida: las personas que tienen interés para nosotros no son tanto las que comparten nuestras respuestas sobre las cosas últimas, sino más bien las que se plantean las mismas preguntas que nosotros respecto a estas cosas.

* * *

La moderna crisis de la experiencia, su pérdida, que ya puso de manifiesto, con su habitual agudeza, Walter Benjamin en «Experiencia y pobreza» (1933) y en «El narrador» (1936), implica la irrelevancia creciente de la exterioridad como espacio y tiempo públicos. En el mundo moderno, caracterizado por la sobreaceleración del tiempo en todas las actividades humanas, en un mundo donde el cálculo y la precisión, donde el ideal de objetividad y de cientificidad, donde la utilidad, el intercambio y el economicismo lo invaden todo, la experiencia ha dejado de tener relevancia.

Como dice Walter Benjamin, *vivimos una época pobre en experiencia*, y su pobreza lleva consigo la crisis de la narración. La crisis de la experiencia es inseparable del declinar de la palabra narrada porque el objetivo del narrador no es comunicar un «hecho» (ésta sería la tarea de la información), sino la transmisión de una experiencia y el *darse* él mismo en su testimonio, para que los que reciben su transmisión puedan aprender de ella.

Según Walter Benjamin, una cosa está clara: «La cotización de la experiencia ha bajado y precisamente en una generación que de 1914 a 1918 ha tenido una de las experiencias más terribles de la historia universal».[20] La gente vuelve «muda» de los campos de batalla de la primera guerra mundial. Y esta misma idea, aunque expresada de otra manera, la encontramos en uno de los supervivientes de los campos de concentración nazis. Me refiero a Robert Antelme. En *La especie humana* escribe:

> Pero acabábamos de volver, traíamos con nosotros nuestra memoria, nuestra experiencia totalmente viva y sentíamos un deseo frenético de decirla con pelos y señales. Sin embargo, desde los primeros días, nos parecía imposible colmar la distancia que descubríamos entre el lenguaje del que disponíamos y esta experiencia que, para la mayoría de nosotros, continuaba en nuestro cuerpo. [...]
> Esta desproporción entre la experiencia que habíamos vivido y lo que podíamos relatar acerca de ella no hizo más que confirmarse a continuación. Así que efectivamente nos las teníamos que ver

---

20. W. Benjamin, «Experiencia y pobreza», en *Discursos interrumpidos I*, Madrid, Taurus, 1989, págs. 167s.

con una de esas realidades de las que decimos que superan la imaginación.²¹

Una experiencia tiene que poder ser comunicable. Si no es así está muerta. Toda experiencia se dirige a otro, a un interlocutor. Resulta interesante comprobar cómo, a mi entender, lo que sostienen Walter Benjamin o Robert Antelme resulta aplicable al contexto actual. En nuestros días el gran desarrollo de la técnica y de los medios de comunicación ha traído una nueva pobreza a los seres humanos: *la pobreza de la experiencia*. Vale la pena recordar las palabras de Walter Benjamin en «El narrador» y pensar en qué medida aún siguen vigentes. En primer lugar, Benjamin contrapondrá «narración» y «novela»:

> El narrador toma lo que narra de la experiencia; la suya propia o la transmitida. Y la torna, a su vez, en experiencia de aquellos que escuchan su historia. El novelista, por su parte, se ha segregado. La cámara de nacimiento de la novela es el individuo en su soledad [...].²²

Más adelante analizará la cuestión de la «información». Este aspecto resulta especialmente relevante en el momento presente. Benjamin contrapone la aparición de la «información» con el declinar de la narración, del arte de narrar. Según él, la información vive de la novedad, de la proximidad y de la rápida verificabilidad.²³ No es éste el caso de la narración. Ésta nunca se agota del todo, no necesita ni de la novedad ni de la proximidad, y mucho menos de la verificabilidad, porque *no se puede verificar*. El actual sistema tecnológico es un universo en el que la importancia de la información va ineludiblemente ligada al declinar de la narración. Con este declinar la experiencia pierde importancia y, con ella, toda una serie de cuestiones de las que hablaremos más adelante, el *testimonio*, el *olvido*, el *silencio*...

21. R. Antelme, *La especie humana*, Madrid, Arena Libros, 2001, pág. 9.
22. W. Benjamin, «El narrador», en *Para una crítica de la violencia y otros ensayos. Iluminaciones IV*, Madrid, Taurus, 1998, pág. 115.
23. *Ibid.*, pág. 116.

3.5. *Por una pedagogía de la experiencia*

Ya he dicho antes que no hay en los seres humanos ningún tipo de posibilidad extragramatical o metahistórica porque no somos nada más allá del espacio y del tiempo. Es imposible el ideal de «pureza», tanto en la razón teórica como en la práctica. La cuestión que ahora querría poner sobre la mesa es la de la relación entre *experiencia* y *ética*, así como su implicación con la *educación*. El tema es inmenso, naturalmente, así que me limitaré a señalar algunos aspectos que me parecen relevantes.

Creo que ha quedado claro que lo más importante es el hecho de que la narración nace de una experiencia (de una experiencia propia o de otro) y que se dirige a otra persona, alguien que de nuevo la reelaborará, la revivirá y la reinterpretará. Desde el punto de vista narrativo no interesa la objetividad del relato sino la *subjetividad del narrador*. Es a partir de esta *subjetividad narrada*, de esta experiencia, que querría repensar la ética.

Es evidente que desde la perspectiva de una filosofía de la finitud, la ética —como todo aquello que pertenece a la condición humana— también está inmersa en un trayecto histórico, es decir, está ineludiblemente «contaminada» por la experiencia. La ética resulta impensable al margen de la cultura, de la gramática. No hay en ningún caso algo así como una razón *pura* práctica. Esto significa que la propuesta de hacer de la experiencia el punto de partida de la ética, así como también de la educación, no tiene miedo de aceptar que parte de unos presupuestos histórico-culturales.[24]

La ética no surge tras la «imparcialidad» de un «velo de ignorancia» (Rawls) o en un diálogo «trascendental» (Habermas). Una ética

---

24. Todavía más: si la experiencia humana no puede eludir la experiencia de la contingencia entonces es sólo a partir de esta experiencia que puede iniciarse un viaje de formación. Por tanto, resulta evidente que toda educación (y quizá deberíamos decir también toda pedagogía, en cuanto teorización y normativización de la educación) tiene un componente «experiencial» y, por consiguiente, subjetivo, testimonial, incontrolable para los poderes institucionales.

desde la finitud no es sino una *ética negativa* que nace de la experiencia histórica del mal y lucha, sobre todo, para evitar la presencia del horror. Y dicho esto habría que añadir que, desde mi punto de vista, lo más decisivo del quehacer educativo es evitar una repetición de *Auschwitz*.[25]

Pero hay otros aspectos que son igualmente decisivos en una ética y en una pedagogía *desde la experiencia*. Toda educación plantea también indefectiblemente un reto entre lo que es viejo y lo que es nuevo, entre un mundo ya pre-dado, ya constituido, viejo y preexistente, y la irrupción de un recién llegado. Siguiendo a Hannah Arendt, se podría decir que la educación es una de las actividades más elementales y más necesarias de la sociedad humana, la cual no se mantiene nunca tal como es sino que se renueva continuamente por el nacimiento, por la llegada de nuevos seres humanos.[26] En el momento del nacimiento los padres han introducido al recién nacido en un mundo viejo.

En la educación asumen la responsabilidad de la vida y el desarrollo de su hijo y la de la perpetuación del mundo. Estas dos responsabilidades no son coincidentes y, sin duda, pueden entrar en conflicto una con otra. La responsabilidad del desarrollo del niño en cierto sentido es contraria al mundo: el pequeño requiere una protección y un cuidado especiales para que el mundo no proyecte sobre él nada destructivo. Pero también el mundo necesita protección para que no resulte invadido y destruido por la embestida de los nuevos que caen sobre él con cada nueva generación.[27]

Así, la educación tiene que proteger al recién llegado de la contingencia, una experiencia a menudo dramática y angustiante. La educación

---

25. Me he ocupado de esta cuestión en *La lección de Auschwitz*, Barcelona, Herder, 2004. «Auschwitz» tiene no sólo un significado histórico sino también *simbólico*. Es el símbolo del infierno en la tierra, del horror histórico, del mal encarnado.
26. H. Arendt, «La crisis en la educación», en *Entre el pasado y el futuro*, Barcelona, Península, 1996.
27. *Ibid.*, págs. 197s.

es una praxis (eso sí, siempre provisional) de dominio de la contingencia.[28] Toda empresa pedagógica tiene, desde esta perspectiva, la función de dotar al recién llegado de un aparato simbólico, de una *gramática* con la que pueda hacer frente tanto a lo disponible como a lo indisponible de su existencia, con la que pueda lidiar con todas las cuestiones, tanto las que se pueden resolver como las imposibles de eludir y que nunca pueden responderse técnicamente: el dolor, la muerte, el mal, el sentido de la vida…, en una palabra, la contingencia.

Pero al mismo tiempo, y recuperando la idea de Hannah Arendt, la educación tiene el reto de velar por la transformación del mundo, por la radical novedad que cada nacimiento lleva en sí mismo. Por eso la educación debe ser *renovadora* y *conservadora* a la vez, ha de mirar al pasado y al futuro desde el presente. Escribe Arendt:

> Precisamente por el bien de lo que hay de nuevo y revolucionario en cada niño, la educación ha de ser conservadora; tiene que preservar ese elemento nuevo e introducirlo como novedad en un mundo viejo que por muy revolucionarias que sean sus acciones, siempre es anticuado y está cerca de la ruina desde el punto de vista de la última generación.[29]

En definitiva, una filosofía de la finitud defiende que al educador le corresponde ser el nexo entre *lo viejo* y *lo nuevo*, respetar el *pasado* —porque nunca se puede innovar del todo y con independencia de la gramática en la que se ha nacido— y respetar el *futuro* —la novedad y el cambio que cada recién llegado lleva en sí mismo—. La educación no puede menospreciar el pasado, pero tampoco puede quedarse fijada

---

28. Esta idea ha sido sobre todo desarrollada por Lluís Duch en sus libros, especialmente en *La educación y la crisis de la modernidad*, Barcelona, Paidós, 1997. Duch se inspira en la definición de la religión que el filósofo alemán Hermann Lübbe da en su libro *Religion nach der Aufklärung* [La religión después de la Ilustración]: «Una praxis de dominio de la contingencia».
29. H. Arendt, «La crisis en la educación», en *Entre el pasado y el futuro, op. cit.*, págs. 204s.

en él, como si éste determinase el presente y el futuro hasta el punto de que nada nuevo pudiera suceder.

La educación —sigue diciendo Arendt— es el punto en el que decidimos si amamos el mundo lo bastante como para asumir una responsabilidad por él y así salvarlo de la ruina que, de no ser por la renovación, de no ser por la llegada de los nuevos y los jóvenes, sería inevitable. También mediante la educación decidimos si amamos a nuestros hijos lo bastante como para no arrojarlos de nuestro mundo y librarlos a sus propios recursos, ni quitarles de las manos la oportunidad de emprender algo nuevo, algo que nosotros no imaginamos lo bastante como para prepararlos con tiempo para la tarea de renovar un mundo común.[30]

Tal vez sería interesante, para terminar, recordar en este contexto lo que Elias Canetti decía en otro lugar a propósito de los escritores. Como ya he dicho, para Canetti, el escritor debía ser un guardián de la metamorfosis, debía velar por las transformaciones.[31] Estoy completamente convencido de que lo que Canetti atribuye a los escritores puede y debe ser aplicable a los educadores. De este modo, educar es ayudar a mantener vivas las transformaciones. Precisamente porque los seres humanos somos seres finitos, las transformaciones que padecemos en nuestras vidas son infinitas. El final de la transformación es la muerte de lo humano.

---

30. H. Arendt, «La crisis en la educación», en *Entre el pasado y el futuro, op. cit.*, pág. 208.
31. E. Canetti, «La profesión de escritor», en *La conciencia de las palabras*, México, FCE, 1994, pág. 355.

4. El olvido

> El hombre es por naturaleza un ser olvidadizo.
>
> (Harald Weinrich)

La memoria es la expresión más intensa de la finitud humana. No podría existir un ser humano sin memoria porque nadie puede vivir sin algún tipo de instalación en el espacio y en el tiempo. Y la memoria es eso, una de las formas fundamentales a través de las que nos situamos en el flujo vital de la existencia, en un tiempo y en un espacio.

Digamos, para empezar, que la memoria es un movimiento temporal, un movimiento hacia el pasado y hacia el futuro, hacia mi pasado y mi futuro, pero también hacia el pasado y el futuro del otro. Es necesario retener esta idea fundamental: *la memoria es tiempo*, y lo es porque permite situarnos en la secuencia pasado-presente-futuro. La memoria nos dice quiénes somos, de dónde venimos, nos recuerda que nuestra vida no es absoluta porque antes de nosotros ya existían otros, nuestros antepasados. La memoria es tiempo porque configura identidad, pero no una identidad sustancial sino una identidad no fijada, una *identidad narrativa*. Sin la memoria jamás podríamos responder a la pregunta «¿quién soy?». Y así la verdadera memoria permite evaluar el presente, hace posible la comparación con otros tiempos y con otros espacios vividos no sólo por uno mismo, sino también por los otros, por los que ya no están, por los ausentes. La memoria es tiempo porque remite a una ausencia, a una falta. Y es ésta una de las características básicas de la finitud: *ser en falta*. En toda vida humana, tarde o temprano, siempre, en algún momento, algo o alguien se echa de menos, porque uno rememora... (¿a su pesar?).

Mas querría insistir en una idea que resulta muy importante: es verdad que sin recuerdo la vida humana es imposible, pero sin olvido, sin lo que podríamos llamar *terapia del olvido*, la existencia humana llegaría a ser insoportable. Por eso mismo, la memoria humana es inseparable tanto del recuerdo como del olvido. La memoria no es sólo recuerdo —como se cree a menudo—, es *recuerdo y olvido*, porque demasiadas veces, en nuestra vida cotidiana, identificamos memoria con recuerdo y no hacemos mención del olvido. No hay memoria humana sin selección, sin interpretación, sin transformación. Por eso, porque somos finitos, no hay memoria sin olvido.

4.1. *La terapia del olvido*

Está claro que la memoria no se puede identificar sin más con el acto de recordar. Evidentemente, «hacer memoria» significa recordar, pero —hay que insistir en ello— la memoria implica, también, olvido. Porque la memoria se inscribe en la finitud humana, «hacer memoria» significa *recordar selectivamente* y, en consecuencia, ser capaz de olvidar. El recuerdo no es la negación del olvido, sino una forma de olvido. Sin olvido el recuerdo sería infinito, absoluto y, al mismo tiempo, en muchos casos, insoportable. El olvido es inevitable en el acto de hacer memoria, pero, además, resulta muy conveniente. Hay momentos en la vida en los que es necesario olvidar para poder vivir.[1]

---

1. Es el caso, por ejemplo, de algunos supervivientes de los campos de exterminio nazis, como Jorge Semprún, deportado a Buchenwald. En su obra *La escritura o la vida* señala la importancia de esta terapia del olvido a la que estamos haciendo referencia. Valga decir que el título del libro de Semprún ya es suficientemente significativo: la disyuntiva «la escritura» o «la vida» muestra precisamente que hay momentos en los que el recuerdo puede significar la muerte, y que la terapia del olvido, y por tanto de «no escribir», es la única solución para continuar viviendo (véase J. Semprún, *La escritura o la vida*, Barcelona, Tusquets, 1997).

4. El olvido

Escribe Harald Weinrich:

Todo el mundo es desmemoriado. A todo el mundo le ha pasado haberse olvidado aquí de esto, allá de aquello, y haber olvidado por completo alguna cosa trabajosamente aprendida de memoria. Por eso, nadie puede decir con ligereza: esto será inolvidable, esto no lo olvidaré nunca. Porque el hombre es por naturaleza un ser olvidadizo (animal *obliviscens*).[2]

No poder olvidar, estar obligado a recordarlo todo, identificar la memoria únicamente con el recuerdo, se convierte en una enfermedad mortal. Esto es lo que le pasa a Funes, el personaje de aquel magistral cuento de Jorge Luis Borges. Funes lo recuerda todo, es incapaz de olvidar y, por eso, también es incapaz de pensar.[3]

Algo parecido podríamos decir si se padece amnesia, si no se recuerda nada. En el olvido radical el ser humano sería incapaz de situarse en su tradición, sería incapaz de situarse espacio-temporalmente en su mundo, sería incapaz de saber quién es; en el recuerdo absoluto, en el recuerdo sin selección, el ser humano quedaría atrapado por su pasado, fijado en un tiempo inmóvil, permanecería muerto.

El olvido es una terapia necesaria para la vida. No podemos hacernos cargo de *todo* nuestro pasado, de *toda* nuestra historia. Los acontecimientos que nos han sucedido son —a veces— un peso insoportable. En este caso se hace imprescindible una terapia del olvido. Pero aunque esta terapia no se haga, la acción de olvidar forma parte de la memoria humana, porque olvidar es uno de los elementos de la finitud. Jamás conservamos intacta la memoria a lo largo de toda la vida. Vivimos olvidando. Fragmentamos la duración, el tiempo. La vida humana es una *vida en fragmentos*, y la memoria es un tiempo que los hace y los deshace: recuerdo y olvido, pasado y futuro en el presente, nacimiento y muerte.

2. H. Weinrich, *Leteo. Arte y crítica del olvido*, Madrid, Siruela, 1999, pág. 15.
3. J. L. Borges, «Funes el memorioso», en *Ficciones*, Madrid, Alianza, 1994, págs. 121-132.

Filosofía de la finitud

La memoria y el olvido guardan en cierta medida la misma relación que la vida y la muerte. A veces se entiende el olvido como la pérdida de la memoria, aunque la perspectiva cambia si se lo concibe como un elemento esencial de una memoria humana, una memoria finita. Así, y desde esta perspectiva, el *trabajo* de la memoria es una tarea interpretativa, selectiva, transformadora, una especie de tarea de jardinería. Hay que eliminar plantas para que puedan salir otras nuevas. Hay momentos en los que es necesario olvidar determinadas experiencias vividas si se desea continuar viviendo. Otra cosa es si somos capaces de hacerlo, porque uno no recuerda y olvida lo que quiere, sino lo que puede.

Porque la memoria es tiempo (y en la medida en que el tiempo humano es inseparable del espacio podríamos decir que «es tiempo y espacio»), habría que insistir en la idea de que la memoria es la facultad que mejor expresa la finitud. Al recordar olvidamos, seleccionamos, y por tanto descubrimos, a veces a nuestro pesar, que somos finitos, que nuestro trayecto espacio-temporal tiene un inicio, y si tiene un inicio igualmente tiene un final. Nos damos cuenta de que hay muchos acontecimientos de nuestro pasado que hemos olvidado, de que no somos capaces de recordar. Las personas que nos rodean tienen recuerdos de momentos compartidos con nosotros que ya hemos olvidado. Nunca dos personas que han vivido el mismo acontecimiento lo recuerdan de la misma manera.[4]

Nacemos y morimos, y con nosotros también nacen y mueren *los otros*. Por la memoria somos capaces de mantener viva la historia de los otros, de los que ya no están, pero en la medida en que la memoria también es olvido, somos capaces de olvidarnos de quiénes y de qué somos, somos capaces de olvidarnos de nuestra historia. Es cierto que podemos recordar lo que somos y lo que no somos, pero igualmente podemos olvidarnos de los otros y de nosotros mismos. Y como en la memoria se expresa la finitud —y por tanto la contingencia, la ambivalencia, la relatividad—, a menudo olvidamos lo que no tendríamos que olvidar.

---

4. Véase la novela de Milan Kundera *La ignorancia*, Barcelona, Tusquets, 2000.

4.2. *El trabajo de la memoria*

Hablar de la memoria es, para mucha gente, hacer referencia al pasado. No es nada difícil comprobar cómo en la vida cotidiana (en los medios de comunicación, por ejemplo) la memoria queda fijada en el pasado. Una filosofía de la finitud, que sitúa la memoria en el centro de su reflexión, podría parecer, en consecuencia, una apología del pasado, en lugar de parecer lo que en realidad es: una *apología del tiempo*. Contrariamente a lo que a menudo suele decirse, la memoria hace referencia al tiempo (al pasado, al presente y al futuro, es decir, a la «secuencia temporal»).

Lo diré de otro modo. Es muy peligroso pensar en una memoria que sea *sólo* «rememoración», es decir, en una memoria que no haga referencia a *toda* la «secuencia temporal». Una memoria fijada en el pasado es una perversión de la memoria. Por supuesto que en toda memoria hay *pasado*, eso está fuera de discusión, pero también, ineludiblemente, en toda memoria (humana) tiene que haber *presente y futuro*. En toda memoria, además de «rememoración», hay también «anticipación» y «crítica». El pasado está condicionando, conscientemente o no, el presente, precisamente porque la existencia humana, como trayecto temporal, *no* posee el privilegio de ninguna forma del tiempo. La vida no es más futuro que pasado, o más pasado que futuro, sino una *tensión* irresoluble, inevitable, entre el pasado y el futuro en el presente. Y la memoria, bien desde el punto de vista del recuerdo, bien desde el punto de vista del olvido, se expresa en esta *tensión* temporal.

La memoria es la facultad que permite a los seres humanos *trascender* la inmanencia de su presente y «viajar en el tiempo», hacia el pasado y hacia el futuro. Ella hace presente lo ausente pasado, que es al mismo tiempo la condición para desear lo ausente futuro. Por esta razón sin la memoria no sería posible el *deseo* y, por tanto, la *esperanza*. Para una filosofía de la finitud, entonces, *memoria* y *esperanza* forman una pareja inseparable. Incluso me atrevería a decir que la esperanza es un elemento esencial a la memoria. Sin la esperanza la memoria está muerta, sin la memoria la esperanza está vacía.

Filosofía de la finitud

De hecho, la memoria puede ser descrita como la negativa a pensar el presente, como la negativa a pensar los hechos como definitivos. La memoria nos dice que no hay nada definitivo en la vida, que las cosas no son como son sino como las vemos, como las interpretamos, y, sobre todo, que las cosas pueden ser de diferentes maneras, de múltiples, de infinitas maneras. La memoria nos avisa de que la existencia humana no vive en un único tiempo y en un único espacio, sino en tiempos y espacios diferentes y múltiples. La memoria nos advierte de que jamás somos los mismos, de que también nuestra identidad está inscrita en una secuencia temporal, de que siempre estamos en constante devenir, de que nuestra condición está cambiando incesantemente, de que ninguno de nosotros es el mismo ahora que cuando era pequeño, ni siquiera el mismo de ayer por la noche. Por la memoria descubrimos las posibilidades de la diferencia, de *ser de otro modo*, infinitamente, porque no hay nada definitivo en la vida humana, porque toda situación es una situación finita y provisional.

Por eso existe un «trabajo de la memoria», un trabajo inacabable, un trabajo ético.[5] ¿De qué clase de ética hablo aquí? Me resulta sugerente el planteamiento que hizo Max Horkheimer sobre esta cuestión. Desde este punto de vista, considero que en toda memoria humana hay —explícitamente o no— un anhelo, *el anhelo de que ni el mal ni la muerte tengan la última palabra, el anhelo de que la injusticia del presente y del pasado no sea nunca definitiva*.[6]

En el trabajo de la memoria (un trabajo muchas veces *involuntario*, como ya mostró Marcel Proust en su monumental novela *En busca del tiempo perdido*) hay insatisfacción. Pero esto no significa que la memoria sea nostálgica. Me parece, eso sí, que una cierta nostalgia siempre es inevitable, porque siempre es inevitable un *tiempo perdido* en contra de nuestra voluntad. Pero la nostalgia, cuando solidifica el pasado, cuando lo absolutiza, cuando no lo contempla desde la perspectiva de la finitud, es una patología de la memoria. El pasado ha pasado, se ha acabado, pero eso no significa que no siga vivo, que

---

5. Véase P. Ricœur, *La memoria, la historia, el olvido*, Madrid, Trotta, 2003.
6. M. Horkheimer, *Anhelo de justicia*, Madrid, Trotta, 2000, pág. 169.

4. El olvido

esté clausurado o cerrado. En el trabajo de la memoria, el recuerdo del pasado es la punta de lanza de la crítica del presente y de la esperanza. Una esperanza que siempre es, desde el punto de vista de una filosofía de la finitud, negativa. Porque, como veremos después, es una esperanza anclada en la experiencia histórica del mal. Por eso, insisto, la memoria es tiempo y, por tanto, mira al pasado, pero lo hace desde el presente y con anhelo de futuro.

La verdadera memoria, en el sentido de aquélla no pervertida por la lógica del presente, anhela un porvenir imposible, un futuro que tan sólo puede describirse negativamente, un porvenir inalcanzable. Si pudiéramos habitar el paraíso dejaríamos de ser finitos, dejaríamos de ser humanos. Somos humanos porque deseamos lo infinito aunque no podemos habitarlo. No se puede impedir que un ser finito desee la infinitud, que un ser contingente se desviva por lo absoluto, que un ser temporal tenga anhelo de eternidad. Nada puede frenar este deseo.[7]

* * *

Es de gran importancia remarcar la dimensión subjetiva de la memoria, *la memoria involuntaria*, a la que antes hice referencia. Como Proust se encargó de narrar, los seres humanos recordamos sin querer, en el momento más oportuno o más inoportuno. Y, además, nunca dos personas recuerdan de la misma manera. La memoria nos asalta en un instante inaudito. A menudo aparece como un acontecimiento. Algún suceso presente nos remite a un pasado que quizá había quedado olvidado y que de pronto se convierte en actual. Es esta memoria involuntaria la que nos ayuda a entender mejor el presente, la que nos ilumina el presente y la que hace posible establecer el nexo temporal, la secuencia finita sin la cual seríamos incapaces de instalarnos en la historia, en nuestra narración.

Y a menudo también esta memoria involuntaria nos lleva a recuerdos que habíamos olvidado, incluso que habíamos querido olvidar.

7. A. M. Haas, *Viento de lo absoluto*, Madrid, Siruela, 2009, pág. 95.

Filosofía de la finitud

Es entonces cuando se hace todavía más importante e imprescindible la terapia del olvido. Hay que subrayar con insistencia que el trabajo de la memoria también es un trabajo del olvido. Es necesario olvidar. No podemos recordarlo todo. Esto es evidente desde un punto de vista psicológico, pero quizá también desde un punto de vista vital. Hay que hacer un esfuerzo por olvidar, hay que aprender a olvidar aquellos viejos espectros de nuestro pasado que nos asaltan, de nuevo, imperativamente, pues el presente humano no está nunca del todo libre del pasado.

Ahora bien, ¿qué hay que olvidar? No formulo esta pregunta desde una perspectiva psicológica, sino ética. *¿Qué nos está permitido olvidar?* Hoy por hoy me veo incapaz de responder a esta pregunta, pues si bien podría parecer que una ética de la memoria nos lleva inevitablemente a una ética del recuerdo, no es menos cierto que una ética del recuerdo *incondicional* podría conducir a posicionamientos manifiestamente contrarios a la misma ética. Un imperativo de la memoria puede llevar a la venganza. ¿Por eso es por lo que quizá deberíamos hacer caso a Ricœur y aproximar la memoria al perdón?

Pero si es así, entonces la memoria tiene que lidiar con *lo imperdonable*, que a menudo va de la mano de lo inolvidable —lo que no se puede olvidar, aunque se desee hacerlo—. Como diría Jacques Derrida, si se perdona en serio, si se perdona de verdad, sólo se puede perdonar lo imperdonable. Otra cosa es la reconciliación, pero el perdón, si es perdón, es incondicional. Ni más ni menos.

4.3. La crisis de la memoria en la modernidad

La memoria es un trayecto hermenéutico. Creo que ha quedado bastante clara la posición de una filosofía de la finitud: por la memoria los seres humanos nos instalamos interpretativamente en nuestro tiempo, rememoramos el pasado y anticipamos el futuro. Pero el trabajo de la memoria, como todo aquello propio de los seres finitos, está inscrito en un momento de la historia, en una cultura, en un universo simbólico, en una *gramática*. Por eso ahora deberíamos plantearnos

4. El olvido

qué pasa hoy con la memoria, cuál es el papel de la memoria en una sociedad posmoderna como la que nos ha tocado vivir. Si alguna facultad humana ha quedado maltrecha en la modernidad es la memoria. Toda la ética y la pedagogía clásicas giran alrededor de la memoria. Pero a partir de la irrupción de la modernidad todo cambia. Montaigne, Descartes, Rousseau, Kant… desconfían de ella: *saber de memoria es no saber.*
Los tiempos presentes son tiempos de crisis de la memoria. Es verdad que ahora se habla de ella constantemente. Aparecen leyes de la memoria, políticas de la memoria…, pero la paradoja es que sigue ausente en la educación. En la posmodernidad vivimos en un tiempo sobreacelerado en el que el pasado ha quedado devorado por el presente, y quizá incluso podríamos decir que el futuro ha quedado en manos de las exigencias de la actualidad de lo económico y de lo tecnológico. Como ha escrito Lluís Duch, en las sociedades modernas

> [...] las urgencias del presente acostumbran a presentarse de una manera autorreferida, es decir, desconectada de cualquier tipo de conexión con un pasado ejemplar, lo cual, con una cierta frecuencia, se encuentra en el origen de graves patologías y disfunciones.[8]

Pero ¿cuál o cuáles han sido las causas de la crisis de la memoria en la modernidad? La crisis de la memoria va ligada al eclipse del acto de lectura y, todavía más concretamente, a la ausencia de silencio (necesario, por otro lado, en toda verdadera lectura). La sociedad moderna es una sociedad ruidosa. Vivimos en un mundo donde parece que es necesaria la música (una música cercana al ruido) para llenar el vacío, el silencio. Leemos con ruido, comemos con ruido, estudiamos con ruido, damos clases con ruido… Pero para trabajar con la memoria se necesita un cierto silencio, un cierto distanciamiento. El ruido no deja trabajar a la memoria. En una sociedad posmoderna como la nuestra, en la que no existe esta capacidad de distanciamiento respecto a los

---

8. L. Duch, *Simbolisme i salut. Antropologia de la vida quotidiana 1*, Barcelona, Publicacions de l'Abadia de Montserrat, 1999, págs. 130s.

Filosofía de la finitud

grandes problemas antropológicos fundamentales, en la que hay que innovar y cambiar a menudo de forma patológica, obsesiva, en la que la novedad y el progreso se imponen de una manera brutal, en la que la velocidad no deja lugar a la reflexión, el presente —la actualidad— aparece de forma fetichista.

En la posmodernidad hay un fetichismo del progreso, del éxito, de la innovación y del cambio, de *lo actual*. Vivimos en un universo en el que no hay lugar para la lectura, para la meditación, porque la lectura necesita silencio. En el acto de leer, de pensar, de reflexionar... siempre hay necesidad de tiempo. «No tengo tiempo para leer» es una de las expresiones más repetidas en la actualidad. En efecto, leer, meditar, son actividades que requieren paciencia, lentitud... Y todo esto es imposible en un mundo en el que se impone un nuevo lenguaje, el de los ordenadores, el de los teléfonos móviles, el de los medios de comunicación... Quizá deberíamos recordar aquellas palabras de Nietzsche, al principio de *Aurora*, al referirse a los filólogos:

> [...] tanto mi libro como yo somos amigos de lo lento. No en vano he sido filólogo, tal vez lo sea todavía. «Filólogo» quiere decir maestro de la lectura lenta —quien lo es acaba escribiendo también con lentitud.[9]

Desde el punto de vista de una filosofía de la finitud, aprender de memoria pasa hoy, ineludiblemente, por vivir lo leído, por corporalizar las palabras, las imágenes, los signos, pasa por recuperar los lenguajes olvidados, la palabra o las palabras, unas palabras situadas en el tiempo y en el espacio, en la contingencia, en la fragilidad y en la vulnerabilidad. Por eso es tan difícil aprender de memoria en la posmodernidad, porque la técnica se ha convertido en tecnología, y ésta en sistema, y no se toleran otras palabras que las que el propio sistema genera. Es necesario aprender las palabras múltiples —la finitud de las lecturas infinitas—, las narraciones, las palabras escritas, la textura de los libros, el acto de lectura. Los habitantes de la sociedad tecnológica ignoran

---

9. F. Nietzsche, *Aurora. Pensamientos sobre los prejuicios morales*, Madrid, Biblioteca Nueva, 2000, pág. 63.

la lectura silenciosa, paciente, lenta... Los tecnólogos, los expertos, se aproximan al presente como si estuviesen fuera del tiempo, como si no tuvieran tiempo. En este mundo la memoria está muerta.

Aprender a hacer memoria pasa por aprender otra palabra, una palabra más cercana a la literatura y al arte. Para el poeta, para el artista, para el narrador, el tiempo es la semilla de la palabra, el espacio es el cuerpo del papel y la tinta es la sangre de la escritura. El poeta, el artista, el narrador saben que sus palabras poseen un vínculo con el pasado, pero también saben que las palabras están muertas si no se renuevan, saben que renovar es volver a decir, decir de otro modo, des-decirse. Escribe Octavio Paz:

> Finitud, irreversibilidad y heterogeneidad son manifestaciones de la imperfección: cada minuto es único y distinto porque está separado, escindido de la unidad. Historia es sinónimo de caída.[10]

Quizá podría decirlo también así: la imperfección del ser humano es sinónimo de su finitud. Y esto es lo que el mundo posmoderno, dominado por el espíritu de la tecnología, no tolera, no comprende, no puede pensar. Este mundo sitúa la existencia humana en un reino absoluto, fuera del tiempo y del espacio, de la historia y de la contingencia.

El mundo posmoderno quiere ser un mundo perfecto, sin errores, sin dolor, sin tristeza, sin llanto y sin muerte. No tolera la contingencia porque no tiene palabras para dominarla. Tiene el ideal de la objetividad y de la perfección, y la contingencia —lo indisponible en la existencia humana— no puede ser controlada por el lenguaje de los expertos, por el lenguaje tecnológico. Por eso la posmodernidad tiene tantas dificultades para aceptar la memoria, porque, como ya he dicho, la memoria es subjetiva, ambigua, finita..., y éstas son características que la posmodernidad no valora. Así lo ha expresado Claudio Magris:

---

10. O. Paz, *Los hijos del limo*, Barcelona, Seix Barral, 1998, págs. 34s.

Filosofía de la finitud

> La historia cuenta los hechos, la sociología describe los procesos, la estadística proporciona los números, pero no es sino la literatura la que nos hace palpar todo ello allí donde toman cuerpo y sangre en la existencia de los hombres.[11]

Sólo en un mundo donde la poesía, el relato, el símbolo sean posibles, donde las palabras múltiples puedan hablarse, decirse, escucharse en la plaza pública, sólo en un mundo *poético*, la ética será posible. Un mundo poético no es un mundo perfecto, no es un mundo ideal. Todo lo contrario. El mundo poético es un mundo de imperfección, de vulnerabilidad, de contingencia y de finitud. Sólo en un mundo así, inscrito en la ambigüedad del tiempo y del espacio, en la fragilidad del rememorar y del anticipar, en la memoria y en la esperanza, los seres humanos podremos vivir desde la finitud nuestro deseo de infinitud y de trascendencia.

---

11. C. Magris, *Utopía y desencanto. Historias, esperanzas e ilusiones de la modernidad*, Barcelona, Anagrama, 2001, pág. 25.

5. El testimonio

> Pensad que esto ha sucedido:
> Os encomiendo estas palabras.
> Grabadlas en vuestros corazones
> Al estar en casa, al ir por la calle,
> Al acostaros, al levantaros;
> Repetídselas a vuestros hijos.
> O que vuestra casa se derrumbe,
> La enfermedad os imposibilite,
> Vuestros descendientes os vuelvan el rostro.
>
> (Primo Levi)

Para ser viva la experiencia tiene que poder ser transmitida y, para ello, necesita del testimonio. Todo testimonio lo es de una *ausencia*. Su sujeto es el que transmite la experiencia de una desubjetivización, sus límites como sujeto, su deposición de sujeto orgulloso y prepotente que no da ejemplo de nada, que es, más bien, un no-ejemplo. Dar testimonio supone siempre dar testimonio *de otro*, de un ausente, porque siempre hay *otros* en las experiencias, otros con los que compartimos experiencias. No hay testimonio en soledad. Aquí se transmite una experiencia indemostrable e incomprobable. El que da testimonio enlaza la experiencia pasada y la presente, y la abre a un futuro para que el pasado no quede en el olvido, y para que quien la reciba pueda rehacerla y aprender de ella.

En toda relación humana —y especialmente en la educativa— el testimonio adquiere una relevancia fundamental. En las transmisiones pedagógicas siempre, en algún momento, aparece la acción de dar testimonio, porque si no es así no hay transmisión *sapiencial*, tan sólo *scientia*. El educador se convierte en *maestro* en la medida en que queda implicado en la transmisión. Es toda su vida la que *da* al otro, a su discípulo. Es su experiencia la que pone a disposición del otro. Dicho clara y brevemente: el testimonio es posible porque el ser humano es un «ser experiencial», vive en las experiencias y es capaz de narrarlas y de transmitirlas. Sin testimonio la educación no podría ser transmisión de experiencia, sino únicamente ciencia, un traspaso de conocimientos. Por esta razón, el testimonio es uno de los elementos esenciales de toda educación.

5.1. *La herencia del testimonio*

No obstante, el testimonio, como todo lo que afecta a los seres humanos, puede pervertirse. En este caso «dar testimonio» se convierte en «dar ejemplo». El ejemplo es la perversión del testimonio. El que *da ejemplo* se pone a sí mismo como modelo. Dice: «Hazlo como yo». En el momento de dar ejemplo, el que queda valorizado es el «yo» del modelo. En la acción de testimoniar, en cambio, resulta mucho más importante la experiencia y la revisión de la experiencia por parte de quien la recibe. Para aquel que verdaderamente da testimonio, el *otro* es mucho más importante que el propio yo. Por eso testimoniar es una acción ética y, por lo mismo, no puede haber educación sin testimonio, porque es fenomenológicamente impensable la educación sin la ética.

Inspirándome en Jacques Derrida diría que, de una manera u otra, recibimos del que da testimonio una *herencia*, una herencia irrevocable, una herencia que nos reclama hacer memoria.[1] La herencia es el

---

1. J. Derrida, *Dar la muerte*, Barcelona, Paidós, 2000.

5. El testimonio

legado de una experiencia pasada que nos recuerda que tenemos una *deuda*, una deuda con los otros, aunque éstos no tengan ninguna con nosotros, porque la deuda no implica reciprocidad. Por eso es ética. Somos deudores porque no podemos prescindir del tiempo ni del espacio, ni del presente, ni del futuro, ni del pasado. Y el tiempo es indisponible. Especialmente el tiempo *pasado*. Podemos intervenir sobre el presente, podemos desear un futuro mejor, pero en el pasado la herencia del testimonio sigue viva, impasible, interpelándonos. Respecto al pasado sólo la interpretación es posible. Y la finitud humana se expresa en esta ineludible deuda (que nos hace ser responsables de aquello que hemos hecho y también de aquello que *no* hemos hecho).

La memoria es inseparable del testimonio porque éste es la *huella* de un pasado que parece que ha sido borrado y del que se ha procurado que no quedara el recuerdo. La memoria nos coloca ante *el otro ausente*. Por esta razón no hay y no puede haber diálogo con el otro que se recuerda, porque aquel del que se da testimonio es una huella que puede borrarse en cualquier momento. Y con una huella no se puede dialogar, sólo se la puede recibir, sólo se la puede acoger, sólo se la puede escuchar. Para que la huella continúe viva es necesario transmitirla, no olvidarla. El olvido es la muerte de la huella. Aunque una cosa es el olvido del otro y otra es el olvido de acontecimientos que configuran mi propia vida, a los que a veces es necesario olvidar.

* * *

El testimonio es esencial para la ética y para la educación, es la forma en la que la ética puede ser transmitida. Wittgenstein acertó de lleno al final del *Tractatus:* no se puede *hablar* de ética. Ella forma parte de *lo místico* y sólo es *mostrable*. Por eso no hay ética sin testimonio, porque no se puede educar éticamente a través de proposiciones o de teorías, sino solamente a través del testimonio, es decir, mediante la transmisión de una experiencia, mediante la narración de una experiencia. Una filosofía de la finitud conduce a una ética del testimonio, o, quizá todavía mejor, a una *poética del testimonio*, porque desde su punto de vista sólo es posible *mostrar* la ética, no decirla, y sólo puede mostrarse la ética poéticamente.

Ésta es la tesis de Wittgenstein: *de la ética y de la estética* (que son uno) *no se puede hablar*. El lenguaje ético es inexpresable lógicamente, proposicionalmente, teóricamente. Por eso, la ética queda *fuera del mundo*, porque todo lo que está *en* el mundo puede ser dicho, y puede ser dicho *claramente*. Ahora bien, en uno de los aforismos más enigmáticos del *Tractatus* Wittgenstein escribe: «El mundo y la vida son uno».[2]

¿Por qué esta unidad entre *vida* y *mundo*? Si algo así significa que *mundo* y *vida* son *lo mismo*, entonces todo lo que Wittgenstein ha dicho acerca del mundo es también aplicable a la vida, y aquí una filosofía de la finitud no puede estar de acuerdo. La ética podría quedar fuera del mundo —si tomamos *mundo* en la terminología de Wittgenstein—, pero no fuera de la *vida*. Algo parecido podría decirse de *lo místico*. Es evidente que lo místico queda fuera del mundo (pues todo lo que está en el mundo tiene que poder ser dicho, y ser dicho «claramente»), pero en ningún caso está fuera de la vida. No tiene ningún sentido decir «lo místico no forma parte de la vida (humana)». Una filosofía de la finitud sostiene que *lo místico* (ética, estética, religión) es un componente esencial de la «vida».

Sin embargo, pensándolo bien, tampoco estoy seguro de que la ética no forme parte del mundo, porque no está al margen de los acontecimientos y de las relaciones que establecemos. Para una filosofía de la finitud la ética no es *trascendental* porque el mundo no necesita de la ética para existir. ¿Pero la ética necesita del mundo? En una filosofía de la finitud son los acontecimientos los que provocan la ética, la *respuesta* ética. Ésta nace como resultado de un acontecimiento, por la irrupción de un acontecimiento que rompe mi historia, mi espacio y mi tiempo, por la irrupción de un acontecimiento que *me deshace*. Por eso la ética es inseparable de la experiencia, de la contingencia, del azar, del espacio y del tiempo, y, por eso también, la razón ética es ineludiblemente una razón impura.

2. L. Wittgenstein, *Tractatus logico-philosophicus*, 5.621.

El acontecimiento que provoca la respuesta ética es contingente, es indisponible, está fuera de mi alcance. No puedo decidir cuándo ni cómo sucederá. Todo lo contrario, es el acontecimiento el que «me decide», el que me rompe, el que me obliga a repensarlo todo, a replanteármelo todo.[3] La presencia/ausencia del otro es un acontecimiento que quiebra la supuesta tranquilidad de mi vida y me reclama una respuesta. La forma en la que se concreta esta respuesta es la ética.

Desde el punto de vista de una filosofía de la finitud, la ética no es la atención a un deber absoluto o metatemporal y metaespacial, no es un actuar por deber más allá de la historia, sino *la respuesta compasiva hacia el otro*. Y el otro, en la ética, siempre es un otro concreto, alguien con nombres y apellidos, un ser singular, encarnado, corpóreo, un *rostro*.[4]

A una filosofía de la finitud no le interesan las éticas del deber impersonal, ni las del diálogo desencarnado de las situaciones históricas. El otro, en la ética, siempre es alguien que recuerda y que olvida, que tiene memoria, imaginación y esperanza. Sobre todo, es alguien que ha nacido y que morirá. Y es desde esta finitud —desde el ser humano *encarnado* en un tiempo y en un espacio— que hay que repensar la ética.

5.2. La deferencia hacia el otro

Una de las tesis básicas que defiendo en este ensayo es que la identidad surge —siempre provisionalmente— en las relaciones con los otros y que, por lo tanto, no hay una identidad sustancial. Pero, como estamos comprobando, no toda relacionalidad es ética. Una relación es

---

3. Por eso el acontecimiento muestra la inquietante presencia de la finitud. Por el acontecimiento cambiamos, somos otro(s). Esto quiere decir que no podemos persistir en la identidad. Nos transformamos, pero de ninguna manera libremente cuando queremos hacerlo, sino cuando los acontecimientos nos obligan. *Somos siempre más nuestras contingencias que nuestras realizaciones.*
4. Véase mi ensayo *Ética de la compasión*, Barcelona, Herder, 2010.

ética no sólo si se configura desde la diferencia, sino también desde la *deferencia*. Ser deferente es tomarse la causa del otro como causa primera, como mi causa. Ser deferente es responder *al* otro y *del* otro, responsabilizarse del que no tiene poder.[5] Para ser deferente es necesario romper el imperialismo de *lo económico* («oferta-demanda») e instaurar el tiempo, tener presente el tiempo. En la deferencia *el tiempo es el otro*, el tiempo es *para* el otro. Desde el instante en el que *el tiempo es el otro* instauramos un tiempo no productivo, no sometido a la lógica económica, un tiempo que escapa a la lógica del imperialismo tecnológico. Es evidente que es utópico, pero la ética siempre es utópica, siempre es un deseo, un anhelo, el anhelo de que el verdugo no triunfe definitivamente sobre la víctima inocente, el anhelo de que ni el mal ni la muerte tengan la última palabra. Por eso mismo, como ya se ha dicho, la ética que nace de una filosofía de la finitud es una *ética negativa*. No está orientada a una supuesta idea del bien, sino al deseo de evitar el mal. La tarea de la ética es justamente la negativa a aceptar la realidad. La ética quiere ser *antirreal*. Su función no es, de ninguna manera, ratificar lo dado, lo encontrado, lo heredado, sino más bien contradecirlo, desmentirlo, negarlo, *transgredirlo*.

Establecer una relación ética es ser deferente con el otro. Esto no sólo quiere decir aceptar su diferencia, sino también y fundamentalmente *responder de él*, de su alegría y de su dolor, de su sonrisa y de su llanto, de su presencia y de su ausencia. Y aquí también la memoria es fundamental. Acoger al otro —tanto al que está presente como al que está ausente— significa mantener vivo su recuerdo, transmitir y actualizar su recuerdo. Un recuerdo subjetivo, ciertamente, marcado por el tiempo, erosionado por el olvido. Un recuerdo, en definitiva, finito, que nos lanza, en la acción misma de recordar, a un futuro en el que las víctimas del pasado no sean olvidadas. Una ética negativa —una ética de la memoria— intenta recordar a los olvidados de la historia. No hay futuro sin los que han quedado excluidos de esa historia. Y sólo se puede transmitir esta ética a través del testimonio. La lectura, por ejemplo, de los relatos de los supervivientes de exter-

---

5. E. Levinas, *Dios, la muerte y el tiempo*, Madrid, Cátedra, 1994, pág. 150.

minios, de campos de concentración, de genocidios…, la lectura *en voz alta* de los relatos de estos testimonios puede ser una manera de hacer presente esta ética de la memoria.

Y en este punto puede decirse que una filosofía de la finitud es, en el fondo, una *poética* de la finitud. Llega un momento en que la palabra estrictamente filosófica descubre que ante los aspectos más relevantes de la vida humana tiene que dejar paso a las palabras múltiples del universo poético. La palabra del filósofo permanecerá en silencio y entonces será el poeta el que tome la palabra.

5.3. «*Habla también tú*» (Paul Celan)

El poeta conoce la finitud de la palabra. Cuando el poeta transmite la palabra múltiple, la palabra que permite situarse significativamente en el mundo, siempre de forma precaria, cuando el poeta *da* la palabra abierta al tiempo y al espacio, cuando da esa palabra finita abierta a la interpretación infinita, en este momento, el poeta se convierte en *maestro*.

La palabra poética es, entre todas las posibles palabras humanas, la que mejor expresa la experiencia de la finitud. Como dice Octavio Paz en *El arco y la lira*, la poesía es la prueba que expresa la superflua grandeza de toda obra humana.[6] La palabra poética hace posible que —dentro de la contingencia, de la tradición, del pasado— exista la posibilidad de una novedad radical, no de una novedad absoluta, pero sí radical. Por la palabra poética el ser humano descubre que el mundo, aunque siga siendo el mismo, siempre es diferente, siempre está por venir, siempre es porvenir. Ésta es la paradoja. La palabra poética es la transformación incesante. Y nosotros, los que habitamos en este mundo, también somos siempre diferentes, aunque continuemos siendo los mismos, aunque sigamos teniendo el mismo nombre, el mismo documento de identidad. Somos finitos porque no podemos permanecer idénticos. Pasamos, nacemos, morimos. La poesía muestra

---

6. O. Paz, *El arco y la lira*, Madrid, FCE, 1992, pág. 13.

Filosofía de la finitud

la finitud porque es capaz de dotar de palabras un mundo en devenir (como el río de Heráclito).

Pero, además, la palabra del poeta es una palabra crítica, subversiva. Es una palabra que imagina mundos imposibles, es una palabra que no cree que la «realidad» esté acabada, o, incluso, que no sabe muy bien qué es eso que llamamos «realidad». Por eso el poeta es un peligro para los sistemas totalitarios, precisamente porque no pierde la esperanza. (Todo lo contrario del *infierno* de Dante, que es el símbolo del espacio y del tiempo absolutos, del mal definitivo.)

La palabra que *da* el poeta también es una palabra de amor, una palabra erótica, que desvela y oculta al mismo tiempo un sentido que no se dice nunca del todo, que no se acaba de decir jamás, que sólo puede mostrarse. El sentido de la palabra del poeta nunca se agota, siempre se renueva, es el sentido de otro, de lo otro, es otro sentido. Es verdad que el desencantamiento del mundo nos ha llevado a la irrupción de una palabra sin sentido, sin trascendencia, una palabra idolátrica, una palabra que no es erótica, que no es *poética*.

La palabra poética es un umbral hacia otra palabra ausente, impronunciable, otra palabra que es, a la vez, la palabra del otro, esa palabra portadora de sentido, un sentido que no se agota en lo que se dice, sino que siempre lleva en sí *algo no-dicho*, algo indecible, algo imposible de decir. La palabra poética es una palabra que no se acaba en la palabra dicha, en la palabra escrita.

Por eso la interpretación es, paradójicamente, necesaria e imposible. Siempre estamos sometidos a procesos de lectura, de traducción, de comprensión... Pero si no somos capaces de situarnos ante aquella otra palabra que se resiste a la comprensión, ante aquella palabra que no se puede comprender porque no se puede tomar, porque es radicalmente otra, no puede haber *poética*. En este sentido resulta excepcional el poema de Paul Celan, «Habla también tú» *(Sprich auch Du)*:

Habla también tú,
habla el último,
dicta tu sentencia.

5. *El testimonio*

Habla –
Pero no separes el no del sí.
Dale a tu sentencia también sentido:
dale sombra.

Dale bastante sombra,
dale tanta
cuanta en tu entorno sabes repartida entre
medianoche y mediodía y medianoche.

Mira a tu alrededor:
mira cómo cobra vida tu entorno –
¡Por la muerte! ¡Vivo!
Dice verdad quien dice sombra.

Pero ya mengua el sitio donde estás:
¿Adónde ahora, tú, desprovisto de sombras, adónde?
Sube. Palpa hacia arriba.
¡Te haces más fino, más irreconocible, más tenue!
Más tenue: un hilo
por el que quiere descender la estrella:
para nadar abajo, abajo
donde se ve brillar: en la mar brava
de palabras peregrinas.[7]

¿Cómo leer el poema de Celan? ¿Cómo se nos queda el cuerpo al leerlo? No pretendo ser fiel a la lectura, no solamente porque me considere un incompetente para hacer algo así —que lo soy—, sino porque eso supondría que la poesía es traducible. Herejía. Al contrario, advierto que voy a violentarlo, que voy a hablar de sus *resonancias*.[8]

---

7. P. Celan, «Habla también tú», en *De umbral en umbral*, trad. J. Munárriz, Madrid, Hiperión, 1997, pág. 103.
8. A. Vega, *Tres poetas del exceso. La hermenéutica imposible en Eckhart, Silesius y Celan*, Barcelona, Fragmenta, 2011.

Filosofía de la finitud

Para una filosofía de la finitud el poema de Celan expresaría una relación fundamental del ser humano con la palabra, la verdad y el sentido. El «juicio», la «sentencia» tiene «sentido» si se le da «sombra». La «sombra» —*lo imposible de decir*— es lo que da sentido al decir. «Dice verdad quien dice sombra.» Quien dice sombra, quien dice *sin decir*, dice la verdad, porque ésta no se encuentra ni en la claridad ni en la oscuridad, sino en la *ambigüedad*, en esas *zonas sombrías*, en esos *espacios tenebrosos*.

Pero el poeta no habla solo, se dirige al otro, al tú: *Habla también tú*. El poeta da la palabra al otro, dice *sin decir* la palabra del otro. El poeta se desubjetiviza, *da la palabra* al otro olvidándose de sí mismo, porque lo que el poeta quiere es que el otro hable, quiere dejar un lugar a la *voz del otro*, quiere retirarse. Entonces, la palabra *poética* se convierte en palabra *ética*.

Como dice el propio Celan en «El Meridiano» —su discurso con motivo de la concesión del Premio Georg Büchner, leído el 22 de octubre de 1960—, tal vez la poesía, como el arte, se dirige, con un yo olvidado de sí mismo, hacia aquello insólito y extraño, y vuelve a liberarse… En la palabra poética hay una desubjetivización. La palabra poética no es tanto la palabra *del poeta*, de un poeta, sino la palabra *regalada* al otro. Es la palabra que tiene *cuidado del otro*. Por eso dice Celan que pertenece a las esperanzas del poema hablar por causa del otro, en nombre del otro, un otro que es totalmente otro, que no se puede comprender ni traducir, que no se puede reconocer, un otro al que sólo se puede responder.

El poeta vive del acontecimiento. La palabra poética intenta mostrar el acontecimiento. Todo verdadero acontecimiento es imprevisible, es acontecimiento de algo extraño. Es incontrolable, aparece inoportunamente, irrumpe. El acontecimiento es un instante, en el que no se da la ausencia de tiempo —eso sería lo mismo que decir que se da en la infinitud— sino un tiempo intenso, que no es absoluto pero que, en su particularidad y relatividad, se tensa en el presente rememorando el pasado y anticipando el futuro. Nacimiento, amor y muerte: éstos serían acontecimientos propios de la condición humana. El recién nacido, el enamorado, el moribundo… son figuras que rompen instantáneamente nuestra cotidianidad y nos obligan a repensar la existencia, son figuras que desafían el orden del discurso, que escapan al orden institucional.

Según Jacques Derrida, no hay acontecimiento sin un *golpe*.[9] Un acontecimiento sorprende e interrumpe, es único y singular, pero también es *simbólico*, porque aunque siempre se da en un tiempo y en un espacio tiene sentido en *otro* tiempo y en *otro* espacio. El acontecimiento es una presencia inquietante que expresa la finitud de los seres humanos, es una verdad extraña que se me encara, que me hace frente, que no se sitúa a mi lado sino *ante mí*. El acontecimiento me deshace, me desafía, pone en cuestión mi lógica, mi programación. Me pide una respuesta, y no responder *a* él, *de* él y *ante* él ya es una forma de respuesta. Esto es lo que provoca la ética. El acontecimiento nos descoloca, nos descompone, nos desconcierta.

* * *

El poeta es capaz de aceptar los límites, y esto es una prueba de la responsabilidad de su palabra. Y en el límite hay un trato con el silencio. El poeta sabe de sobra que todas las grandes cuestiones sobre la existencia humana reclaman una dimensión de irrepresentabilidad: el *nacimiento*, el *amor*, el *mal*, la *muerte*…

La poesía tiene predilección por los tiempos en crisis, por los tiempos de transición, y los poetas son unos cronistas de lo efímero. La poesía no es un viaje por el mar, sino por el polvo y la desolación; es un viaje hacia una tierra a la que jamás llegaremos. No hay ninguna filosofía, ninguna religión, ninguna teoría que pretenda haber llegado a la Tierra Prometida capaz de comprender la poesía. La poesía sólo puede mostrar un camino, una senda perdida. Por eso no debería extrañarnos que se expulse a los poetas de la República: son peligrosos para el orden institucional…

---

9. J. Derrida, *No escribo sin luz artificial*, Madrid, Cuatro Ediciones, 1999, pág. 101.

6. El mal

> Lo demoníaco consiste en algo finito y limitado
> que ha sido investido de la magnitud de lo infinito.
>
> (Paul Tillich)

No es el mal metafísico el que me interesa sino el histórico, el corpóreo, el mal encarnado, el sufrimiento de la piel, de la mirada, de la carne y de los huesos, el dolor de los hundidos, un dolor físico y existencial a la vez… ¿Acaso hay algún dolor físico que no sea existencial? Nadie ha vuelto del paraíso, pero algunos han regresado del infierno. Una cosa sabemos a ciencia cierta: si el mal existe *no* es el abuso del poder.

6.1. *Un mundo de atributos sin hombres*

Nada más comenzar *El hombre sin atributos* Robert Musil muestra, en un magistral fragmento, cómo el lenguaje de la ciencia y de la técnica ha supuesto la degradación de la experiencia humana. Este lenguaje no puede dar razón de la experiencia porque ésta escapa al lenguaje conceptual, y la modernidad aparece como la época del imperialismo de un único lenguaje. Veámoslo en palabras del propio Musil:

> Sobre el Atlántico avanzaba un mínimo barométrico en dirección este, frente a un máximo estacionado sobre Rusia; de momento no mostraba

Filosofía de la finitud

> tendencia a esquivarlo desplazándose hacia el norte. Las isotermas y las isóteras cumplían su deber. La temperatura del aire estaba en relación con la temperatura media anual, tanto con la del mes más caluroso como con la del mes más frío y con la oscilación mensual aperiódica. La salida y puesta del sol y de la luna, las fases de la luna, Venus, del anillo de Saturno y muchos otros fenómenos importantes se sucedían conforme a los pronósticos de los anuarios astronómicos. El vapor de agua alcanzaba su mayor tensión y la humedad atmosférica era escasa. En pocas palabras, que describen fielmente la realidad, aunque estén un poco pasadas de moda: era un hermoso día de agosto del año 1913.[1]

Este fragmento me servirá para poner sobre la mesa una cuestión que creo que tiene una especial relevancia: ¿qué pueden decir la ciencia y la técnica sobre la experiencia de la finitud? El mundo moderno es un mundo de «cualidades sin hombres», y en este universo la finitud desaparece. La modernidad es un mundo de experiencias sin que nadie las viva. Escribe Musil:

> Ha surgido un mundo de atributos sin hombre, de experiencias sin uno que las viva, como si el hombre ideal no pudiera vivir privadamente, como si el peso de la responsabilidad personal se disolviera en un sistema de fórmulas de posibles significados.[2]

En «un mundo de atributos sin hombre» la finitud desaparece porque las cualidades ni nacen ni mueren, sólo los seres de carne y hueso lo hacen. Y, por tanto, en un mundo así no hay nombres propios, ni contingencia, ni alegría, ni dolor… Únicamente estadísticas, burocracia, razón fría: *artefactos del mal*.

El hombre sin atributos explora las situaciones humanas de los tiempos modernos. Todo tiene lugar en la *Kakania* de Musil: el reino de la técnica que nadie domina y que convierte al ser humano en una cifra de una estadística, la rapidez como valor supremo del mundo

---

1. R. Musil, *El hombre sin atributos*, vol. 1, Barcelona, Seix Barral, 2001, pág. 11.
2. *Ibid.*, págs. 155s.

tecnológico, la burocracia omnipresente (las oficinas de Musil son complementarias de las de Kafka)...³ Éste es el rostro del mal moderno. Un mal sutil, ciertamente, un mal que a menudo no es evidente, pero que quizá sea mucho más efectivo y mucho más perverso que el mal clásico.

Más adelante, en un fragmento genial, Musil expresa este drama de la modernidad a partir de la cuestión de la tensión entre la realidad y la utopía. En la modernidad «se ha conquistado la realidad» pero a un precio muy caro. Falta la utopía, los sueños soñados despiertos, el tiempo para pensar, para amar, para hacer todo lo que no es productivo. El tiempo y el espacio del mundo moderno están dentro del círculo oferta-demanda. No hay lugar para la ética, para la donación al otro, para la gratuidad y, al mismo tiempo, para la esperanza que cree que el mal y la muerte no tienen la última palabra. Sigue diciendo Musil:

> Hemos conquistado la realidad y perdido el sueño. Ya nadie se tiende bajo un árbol a contemplar el cielo a través de los dedos del pie, sino que todo el mundo trabaja; tampoco debe engañar nadie al estómago con idealizaciones, si quiere ser de provecho, más bien tiene que comer chuletas y moverse.⁴

«Hemos conquistado la realidad y perdido el sueño», o más adelante, «la matemática se ha mezclado como un demonio en todas las facetas de la vida».⁵ El lenguaje tecnocientífico domina el mundo. Un lenguaje que ya no sirve para *empalabrar* la realidad.

Musil descubre un mundo desintegrado y no intenta en absoluto reencontrar la unidad perdida. La vida ya no puede contener ninguna unidad. En este sentido, a Musil la filosofía, en cuanto síntesis y unificación de la vida, le parece una represión de su fluidez.

El hombre sin atributos simboliza la totalidad de la existencia en incesante devenir, sin ningún valor central. Cualidades sin hombre,

---

3. M. Kundera, *Los testamentos traicionados*, Barcelona, Tusquets, 1998, pág. 179.
4. R. Musil, *El hombre sin atributos*, vol. 1, *op. cit.*, pág. 42.
5. *Ibid.*, pág. 43.

Filosofía de la finitud

experiencias sin que nadie las viva, sin «yo», sin alguien que les dé un sentido. Aquí la influencia de Nietzsche es inmensa. Siguiendo al filósofo alemán, Robert Musil anticipa el final de los metarrelatos, de las historias fundacionales y legitimadoras, y del «monomitismo» al que hacen referencia insistentemente los actuales pensadores posmodernos.

El antihéroe de Musil, *Ulrich*, no va a la búsqueda de su identidad, como en la clásica *Bildungsroman*, sino que se desintegra en el viaje, una desintegración que no sólo es individual, sino que también muestra la disolución de un mundo. El viaje de Ulrich por la ciudad moderna, por el sistema tecnoeconómico, es un *viaje de deformación*.

Detengámonos un instante aquí. Hay dos maneras de concebir el viaje. En primer lugar, tenemos el *viaje de formación*, en el que el personaje vuelve a casa transformado y enriquecido, como es el caso de Ulises en la *Odisea* homérica (¿y quizá también en la de Joyce?). Pero después nos encontramos con el *viaje de deformación*, en el que *no* hay vuelta a casa. La de Musil es una odisea (posmoderna) en la que el individuo no regresa, sino que procede en línea recta hacia el infinito o hacia la nada y se pierde en el camino.

Una de las causas fundamentales de esta deformación de la identidad en el viaje es *la crisis de la palabra*. Como dice el mismo Musil —y en este sentido coincide con Hugo von Hofmannsthal, otro ilustre contemporáneo suyo— la palabra humana no puede interiorizar las experiencias.[6] *El hombre sin atributos* aparece como la fenomenología de un mundo en decadencia, como la fenomenología de un universo en crisis. Y así llegamos a la cuestión central que nos ocupa en este libro, la finitud:

> El único valor, la única realidad digna de atención o dotada de vida auténtica parece ser el infinito, al lado del cual lo finito se siente como

---

6. H. von Hofmannsthal, *Carta de Lord Chandos y otros textos en prosa*, Barcelona, Alba, 2001. Véase también R. Musil, «La Europa desamparada o Un viaje por las ramas» (1922), en *Ensayos y conferencias*, Madrid, Visor, 1992, pág. 109. Sobre la importancia de Hofmannsthal en la Viena de principios del siglo xx véase S. Zweig, *El mundo de ayer*, Barcelona, Acantilado, 2001.

caída, imperfección, menoscabo. [...] La delimitación de la palabra resulta inadecuada para este infinito que debería expresar.[7]

6.2. La experiencia del mal radical

No hay experiencia del Bien, de la *Idea* del Bien, o si la hay los seres humanos no la poseemos. Esto no quiere decir que no existan acciones buenas, acciones bondadosas, sino sólo que *en la historia* no se da el «Bien» con mayúsculas. El Bien sólo puede ser transhistórico y, por lo tanto, metafísico. Sin embargo, algo muy distinto sucede con el mal. Vivimos la *experiencia* del mal, la experiencia *histórica* del mal. Para hacer el bien hay que ser una persona extraordinaria. Para hacer el mal, en cambio, basta con ser un hombre vulgar.[8]

Fundamentar una ética en la *Idea* del Bien supone tener como punto de partida una ontología, una metafísica, una teología. No obstante, si nos separamos de cualquiera de éstas y nos situamos en una perspectiva antropológica, todo cambia. Entonces no hay un punto de referencia fijo e inmutable. No hay una ontología que sirva de soporte. Hablar de ética desde la antropología, no desde la metafísica, significa arrancar desde la finitud y, por tanto, desde el tiempo y el espacio, desde la historia, desde la contingencia y la memoria, desde la relacionalidad y la alteridad, desde los contextos y las situaciones, desde las preposiciones y los adverbios.

En este caso, para la ética no hay otro punto de partida que *la experiencia histórica del mal*, y ésta —en nuestra historia reciente— queda simbolizada con el nombre de *Auschwitz*. Habría que subrayar también que esta experiencia del mal —que como toda experiencia es subjetiva— no la encontramos en los libros de historia sino en los relatos. Por ello, la *narración* se convierte en un artefacto antropológico

---

7. C. Magris, *El anillo de Clarisse. Tradición y nihilismo en la literatura moderna*, Barcelona, Península, 1993, pág. 260.
8. H. Arendt, *Eichmann en Jerusalén. Un estudio sobre la banalidad del mal*, Barcelona, Lumen, 1999.

y ético de primera magnitud, porque es la lectura de los relatos lo que puede activar la dimensión ética de la memoria al provocar en el lector una experiencia (quizá no personalmente vivida) del mal.

* * *

Como todo lo que dice o muestra el ser humano, también los imperativos *morales* se instalan en la finitud. No hay imperativos (ni morales, ni políticos, ni religiosos) a priori, al margen de los seres humanos que viven en un espacio y en un tiempo, que son finitos. Por eso, como reclamaba Adorno, es necesario también repensar la *moral* en función del momento histórico en el que vivimos; y nuestra historia ha sido escindida, desgarrada por el acontecimiento de los campos de la muerte. Unos campos que son herederos del mundo descrito por Musil y Kafka, un mundo dominado por la lógica de la burocracia y de la razón instrumental.

Como ha señalado Enzo Traverso, una de las características de la literatura sobre el universo concentracionario, empezando por Primo Levi, consiste en describir esa experiencia mediante la alegoría del infierno. Parece que esta imagen es la única capaz de transmitir el sentido de una experiencia radicalmente nueva, radicalmente diferente, la experiencia de la muerte administrada, la del ser deshumanizado, la del exterminio frío, sin odio, sin violencia. Este infierno es el de las «fábricas de la muerte». El infierno concentracionario es un infierno tecnológico, burocrático, es un infierno del mundo moderno.

La imagen del infierno tiene sentido aquí si recuperamos las palabras de Dante en *La divina comedia*:

[...] los que entréis
abandonad toda esperanza...

Pero Traverso critica esta imagen.[9] El infierno en la tradición cristiana es el lugar donde el condenado es consciente de su falta y puede

---

9. E. Traverso, *L'histoire déchirée*, París, Cerf, 1997, pág. 221 (trad. cast., *La historia desgarrada. Ensayo sobre Auschwitz y los intelectuales*, Barcelona, Herder, 2001).

dar razón de su culpa. Este infierno es un lugar de sufrimiento y de lamentación, pero en absoluto de deshumanización. En los campos de la muerte se da otro fenómeno: aquí se elimina a las víctimas inocentes, sólo culpables de *ser*. Por eso, para Traverso, y creo que tiene razón, el *Lager* se parece más a una fábrica que al *Triunfo de la muerte* de Brueghel.

* * *

El mundo moderno es un mundo totalmente administrado que no piensa en términos de finitud, ni de contingencia, ni de alteridad.[10] En este mundo ha triunfado la lógica de la administración total, la lógica del universo biopolítico, que es uno de los «restos del *Lager*». El poder del mundo completamente administrado no es tanto político como esencialmente económico y, sobre todo, tecnológico. Este «poder tecnoeconómico» —el poder total, pues todo poder es finalmente total— no tolera la finitud.

El poder moderno es infinito.[11] Una total *previsibilidad*, una *infalibilidad*, una *sospecha* y una constante *vigilancia*, una *negación de la memoria*, un *adoctrinamiento* configuran, entre otras características, una geografía del mal, del poder ilimitado. Un poder que, como escribió Hannah Arendt, sólo puede ser afirmado si literalmente todos los hombres, sin excepción, son dominados en cada aspecto de su vida.[12] El poder convierte a los seres humanos en superficiales, en títeres. El poder no conoce la contingencia sino la necesidad, no acepta la fra-

---

10. En este mundo no hay lugar para la narración. Las obras de Kafka no son narraciones, no buscan un sentido al mundo, porque este sentido no existe. La escritura de Kafka es novela, y la novela describe un mundo en el que la lógica de la administración, de la burocracia, lo ha invadido todo. La lógica de *El castillo* ha colonizado completamente nuestra vida cotidiana.
11. H. Arendt, *Los orígenes del totalitarismo*, Madrid, Alianza, 1999, págs. 525s, y *Eichmann en Jerusalén...*, *op. cit.*, pág. 437. Véase también A. Finkielkraut, *La humanidad perdida. Ensayo sobre el siglo XX*, Barcelona, Anagrama, 1998, págs. 66s, 73, 101s.
12. H. Arendt, *Los orígenes del totalitarismo*, *op. cit.*, pág. 677.

Filosofía de la finitud

gilidad y la vulnerabilidad en sus decisiones. El poder se edifica sobre una lógica «ontológica»: el mundo es *el que es*, la realidad es la que el mismo poder describe y no puede ser de otra manera. Nada queda fuera de él. Por eso el poder es total. No hay *alteridad* en el poder, no hay *otro*, no hay exterioridad ni trascendencia. El poder niega cualquier presencia inquietante: da seguridad, su ley es «la» ley. No admite ningún tipo de duda.[13]

Si la palabra no queda limitada en el tiempo y en el espacio es infinita. Esta palabra no es ni múltiple, ni frágil, ni puede ser criticada, ni puede ser puesta en duda. La palabra infinita es la palabra del poder. Todos los que viven dentro de ella, los súbditos, los funcionarios de la administración, habitan seguros y tranquilos. Sólo hay inseguridad para los que se atreven a oponerse a ella.

6.3. *La moderna geografía del mal*

En *El castillo* de Kafka se muestra la concepción moderna de la vida. Aquí aparecen claramente perfilados *tres* elementos típicos de la *sociedad de la vigilancia:* la disolución del sujeto, la organización burocrática y el final de la intimidad. Tres elementos que configuran la moderna geografía del mal.

Podríamos decir que el protagonista de *El castillo* —K.— no es propiamente un personaje sino una función: la de agrimensor. La historia es sencilla. K. llega a un pueblo. Un pueblo sin nombre. Y es de noche. Escribe Kafka: «Había caído la noche cuando K. llegó». No sabemos nada de este lugar, sólo que es *propiedad* del castillo. Todo lo que hay en él y todos los que habitan en él son propiedad del castillo. Nadie sabe de dónde viene K., nadie conoce nada de su vida anterior. Los otros personajes de la novela únicamente tienen presente la *función* que K. tiene que realizar dentro del sistema, la de agrimensor, y quizá

---

13. «La distinción entre una orden y la palabra del *Führer* radicaba en que la validez de esta última no quedaba limitada en el tiempo y el espacio...» (H. Arendt, *Eichmann en Jerusalén..., op. cit.*, pág. 226).

ni siquiera eso, pues el lector descubrirá muy pronto que en el castillo no necesitan la ayuda de ningún agrimensor y parece que todo ha sido un gran «error burocrático». Cosa absolutamente habitual, por otro lado, como se advierte más adelante.

El genial capítulo que se desarrolla en casa del alcalde y la figura enigmática de Klamm muestran la trama de la burocracia moderna. El lector pronto se da cuenta de que Klamm es un personaje central dentro de la obra, quizá es el más importante. Ahora bien: ¿quién es verdaderamente Klamm? ¿Es alguien? ¿No es nadie? En Klamm queda reflejado el *anonimato* del poder moderno, un anonimato que hace del *poder sin rostro* un poder mucho más cruel, porque un poder anónimo resulta más perverso que el poder tradicional, en el que hay una cabeza visible.

En una sociedad de la vigilancia, como la descrita en *El castillo* de Kafka, el poder está en todas partes. Es anónimo y, sobre todo, omnipresente. Se «ve» alrededor, aunque no se encuentre a ninguna persona que lo encarne, que lo posea. El poder se da, se impone sin ninguna necesidad de legitimación. El poder se legitima a sí mismo, y todo el mundo se convierte en un objeto de este poder invisible, porque todo el mundo es propiedad del castillo. Esto se le comunica a K. cuando apenas acaba de llegar al pueblo, porque todo el que pasa aquí la noche vive y pasa la noche en el castillo, y nadie puede hacerlo sin permiso del conde.[14]

En este mundo moderno, burocrático, tampoco hay lugar para la vida íntima. La intimidad se ha disuelto. El «final de la intimidad» viene representado por los dos ayudantes de K.: Artur y Jeremías. En ningún momento pueden alejarse de él. No pueden dejarle solo, ni siquiera cuando hace el amor con Frieda, detrás de la barra del bar. Artur y Jeremías le observan; K. parece que no los conoce, y aunque al principio dijo que sus ayudantes llegarían al día siguiente, al lector le queda la duda de si ellos son realmente quienes dicen ser.[15]

---

14. F. Kafka, *El castillo*, en *Obras completas I. Novelas*, Barcelona, Galaxia Gutenberg, Círculo de Lectores, 1999, pág. 691.
15. La lectura que hace Milan Kundera es muy interesante. Según él, Artur y

Filosofía de la finitud

Las interpretaciones de la novela de Kafka son infinitas. A mí me gusta leer *El castillo* como una metáfora de la moderna geografía del mal, del poder, de la máquina y del estado burocrático, con su *lógica de la crueldad*. Kafka describe el absurdo de este universo y la desesperación de un sujeto perdido en este entramado, constantemente sometido a la vigilancia del castillo. Pero lo que más angustia me provoca como lector es la sensación de «pérdida de intimidad». Los dos ayudantes de K. comienzan siendo graciosos, pero acaban resultando insoportables. K. no tendrá vida íntima porque todo es propiedad del castillo. Así, y a diferencia de lo que se dice a menudo, «Dios» (o el Absoluto) no está ausente en la obra de Kafka, sino todo lo contrario. Como ha mostrado Slavoj Žižek, en el universo de Kafka no funciona la fórmula del «Dios ausente». En las novelas y relatos de Kafka «Dios» está demasiado presente, bajo el disfraz de diferentes máscaras. El mundo moderno es un mundo en el cual «Dios» está demasiado cerca de nosotros.[16]

El lector de *El castillo* se encuentra ante un viaje de deformación, de pérdida de identidad. Estamos ante una *anti-Bildungsroman*, porque K. es un personaje sin identidad. Para que un ser tenga identidad es necesario que posea una cara oculta, algo que no se muestre, que no se manifieste, algo no fenoménico. Pero la lógica del castillo no tolera esta zona sombría. El personaje que Kafka nos describe no es un ser solitario sino vigilado. En este sentido, Milan Kundera tiene toda la razón al considerar que K. es el modelo del ciudadano que vive en un sistema totalitario, pues éste exige una transparencia extrema a sus ciudadanos. El ideal de la política totalitaria es el ideal de la vida sin secretos. Lo que obsesiona a Kafka no es la soledad, sino la soledad violada.[17]

Para el resto de los personajes del castillo, K. no es alguien, con nombre y apellidos, sino un agrimensor que además no puede ejercer

---

Jeremías son dos de los personajes más importantes de la obra kafkiana, pues constituyen el tema central de la novela, que no es en absoluto la soledad, sino la soledad *vigilada*.
16. S. Žižek, *Mirando al sesgo*, Buenos Aires, Paidós, 2000, págs. 242s.
17. M. Kundera, *El arte de la novela*, Barcelona, Tusquets, 2000, págs. 126s.

como tal. Así se lo hace saber el alcalde a K.[18] La «identidad» de K. le viene dada por su función —*funcionario*— dentro de la máquina burocrática, por su situación en el territorio del poder. Kafka presenta el castillo como el imperio de un mundo reificado en el que las relaciones entre las personas se convierten en intercambios, y los sujetos son impotentes para entender quién y qué clase de lógica rige todo eso. K. entonces se da cuenta de que su existencia está en manos del castillo, de la red burocrática.

En la obra de Kafka el funcionario no aparece sólo como un tipo social, sino como la manera propia de la existencia de un sujeto en la sociedad moderna. El funcionario es el sujeto que vive en un mundo en el que no hay iniciativa, ni improvisación, únicamente órdenes, reglas, obediencia. Todo lo que el funcionario realiza es una pura mecanización. El funcionario, además, no trata con personas, sino con otros funcionarios, con expedientes, con *cosas*. Vive en un mundo reificado. La sociedad moderna aparece entonces como una inmensa organización totalitaria. Todo el mundo es funcionario, aunque oficialmente no lo sea, todo el mundo trabaja para el sistema.

Como he dicho antes, de todos los personajes de la novela de Kafka, Klamm ocupa un lugar especialmente importante. Parece que Klamm es quien tiene el poder. Pero procedamos con cautela, porque *nadie ve a Klamm con claridad*. Por eso uno sospecha que Klamm no es nadie, porque el poder no es propiedad de una persona sino del mismo sistema. Alrededor de Klamm hay una inmensa red de funcionarios: el alcalde, Momus, Sortini, Erlanger…, éstos no parecen ser tan inquietantes, al menos poseen una cara… Pero ¿quién es verdaderamente Klamm?

Advierte Kundera en *El arte de la novela* que «klam» en checo significa *espejismo*. Klamm es precisamente eso, un espejismo, es el nombre que toma el poder anónimo, el poder de la máquina burocrática, un poder consustancial al sistema. El poder no es un atributo del sistema, sino que el sistema mismo es poder. Por eso decía al inicio de este capítulo que el mal no es el abuso del poder, sino el sistema del

---

18. F. Kafka, *El castillo*, en *Obras completas I. Novelas, op. cit.*, pág. 750.

Filosofía de la finitud

poder. Un poder que es más efectivo que el poder tradicional porque funciona «positivamente», no como una «amenaza de muerte» sino como la «administración de la vida».[19] El ser humano ya no es nadie en el sistema o, si se quiere, ya no es más que un instrumento de las fuerzas extrahumanas: burocracia, técnica, historia.[20]

El retrato del ser humano que aparece en las novelas de Kafka —de la misma manera que en las de Musil— es un hombre sin cualidades, porque el hecho de no «tener cualidades» no es una característica de algunas personas, sino de la modernidad, de la sociedad moderna, que se ha convertido en un sistema omniabarcador que hace del hombre una cifra. En el *reino de la tecnología*, la rapidez es el valor supremo, la velocidad es el poder. Y en este sistema social —precisamente porque todo gira alrededor de esta nueva concepción del mundo— no hay lugar para el *tiempo del otro*, un tiempo que «necesita tiempo», que necesita lentitud, y por tanto hay poco espacio para la amistad o el amor. Hay mucho sitio para la moral y poco para la ética.[21]

* * *

En la actualidad, el poder de la red burocrática no sólo no ha menguado sino que, contrariamente, todavía se ha hecho más fuerte y más poderoso. ¿Existe algún modo de hacer frente al poder infinito? Quizá todo pase por *recuperar* la finitud, la peculiar belleza de los seres humanos que reside en su vulnerabilidad, en su fragilidad. Creo que la única posibilidad de oponerse al «mal moderno», al poder, es aprender a *hablar* y a *escuchar*. Hay que aprender la polifonía de la palabra humana, sus *resonancias* y sus *disonancias*. Recuperar la palabra es recuperar al otro, al amigo y al extraño, y la respuesta a sus interpelaciones: la ética. Porque la palabra humana es una relación de alteridad, es exterioridad y trascendencia. Una palabra que no se

---

19. M. Foucault, *La voluntad de saber. Historia de la sexualidad 1*, Madrid, Siglo XXI, 1995, págs. 178s.
20. M. Kundera, *Los testamentos traicionados*, op. cit., pág. 234.
21. Sobre la diferencia entre *ética* y *moral* véase mi ensayo *Ética de la compasión*.

dirige al otro, una palabra que no tiene presente al otro, una palabra contra el otro, no puede ser nunca de ninguna de las maneras una palabra ética.

Debería aprenderse a vivir *el* tiempo y no sólo *en el* tiempo. «Vivir el tiempo» es tener tiempo para el otro —darle tiempo— porque no hay tiempo ético sin otro al que dirigirse, al que *darse*... Todo pasa por el reencuentro con el otro que tenga presente un primer dato antropológico fundamental: que el ser humano es finito, lo que significa —no me cansaré de repetirlo— que es tiempo y espacio, que vive en relación con los otros, vive con los otros que están presentes *(contemporáneos)* y con los otros que están ausentes *(antepasados y sucesores)*. El otro es el que hace posible el tiempo, no sólo el presente, sino también el pasado y el futuro, la rememoración y la anticipación, la memoria y la utopía.

En la sociedad de la vigilancia no hay ni un tiempo ni un espacio humanos, porque el otro ha desaparecido. Sólo desde la palabra que se da al otro, desde el tiempo y el espacio humanos se puede hablar de ética, y justamente es la ética —no la moral— lo que resulta impensable en la sociedad de la vigilancia. En ésta no hay una ausencia de moral, sino un exceso de ella.

* * *

El filósofo contemporáneo que, a mi entender, ha estudiado mejor la cuestión de la vigilancia ha sido Michel Foucault. En el *panóptico* de Bentham Foucault descubre el principio esencial del poder moderno: inverificabilidad y visibilidad.[22] Los artefactos del poder se extienden a lo largo de todo el cuerpo social: familia, escuela, prisiones, hospitales, discursos, leyes, exámenes... Todo poder necesita de artefactos mediadores para tener posibilidades de funcionar. Éstos coinciden en el poder moderno en una dimensión: la *vigilancia total*. El panóptico se ha convertido en el artefacto del mal por excelencia. El poder panóptico ha conseguido nuevos espacios de reeducación y

---

22. M. Foucault, *Vigilar y castigar*, Madrid, Siglo XXI, 1994, pág. 205.

Filosofía de la finitud

de administración de la vida humana. Entre ellos el más importante es el mundo de los medios de comunicación de masas y las nuevas tecnologías de la información y de la comunicación.

En la modernidad, pues, aparece este nuevo artefacto del mal, centrado en la *mirada constante*. En la mirada panóptica el poder ya no es una propiedad sino una estrategia, una tecnología, y posee unas disposiciones tácticas. Para Foucault, el poder más que poseerse se ejerce. Así pues, para el filósofo francés se trataría de dejar de concebir el poder según el modelo jurídico, es decir, bajo la forma del castigo (negativamente), y comenzar a comprenderlo tecnológicamente (positivamente), como vigilancia, administración, ordenación o clasificación.

Entonces, en el mundo de la vigilancia total, surge la infinita indiscreción del poder, un poder que está por todas partes, que es *inmanente* al espacio social. El poder se encuentra en las relaciones económicas, sexuales, políticas. El poder moderno, dice Foucault, viene desde abajo, y no desde la superestructura. Es tecnológico y, por tanto, funciona a través de mecanismos y de artefactos, como por ejemplo «el técnico», «el funcionario», «el experto»... Éstos ya no son personas. Se han convertido en artefactos del poder. El poder moderno es biopoder.

7. El deseo

> Un mundo que fuese cerrado, que estuviese acabado, definitivo, en el que no se den las condiciones abiertas ni surjan condiciones nuevas para que brote algo nuevo, sería mucho peor que la locura, pues sería una locura completa y solitaria.
>
> (Ernst Bloch)

Pensar que no todo está decidido. Negarse a aceptar el mundo tal y como nos ha sido dado. Imaginar mundos diferentes, nunca un mundo perfecto, nunca una sociedad del todo justa, porque no hay perfección en la vida humana, no hay fin de trayecto. Todo esto también forma parte de la finitud. Hay que aprender a esperar, y sólo se espera de verdad si se espera lo inesperado, lo imposible, lo inaudito. Hay que aprender a esperar.

7.1. *El sueño diurno*

La utopía es inseparable del desencanto. Utopía significa negarse a aceptar las cosas tal como son (o como nos dicen que son) y desear que los hechos, arrancándolos de su pastosidad, puedan llegar a ser otra cosa distinta. Y en esta posibilidad hay un compromiso.

La utopía da *un* sentido a la vida (o puede dárselo). Pero un sentido nunca definitivo, por supuesto. En todo caso, la utopía reclama que —incluso contra toda probabilidad— la vida tenga sentido, un sentido que provisionalmente puede encontrarse, a pesar de que no pueda darse, a pesar de que no pueda ser transmitido. Un sentido revisable, no del todo establecido o fijado, pues eso supondría una supresión de la finitud.

Precisamente porque es fruto del deseo, el sentido nunca se alcanza. Es un sentido inseguro. Cuando alguien cree que ya lo ha logrado irrumpen acontecimientos que lo trastornan todo, acontecimientos que rompen el mundo sólidamente construido y obligan a un replanteamiento total. Por eso mismo habría que sospechar de aquellos que dicen que han alcanzado «el» sentido de la vida y, más todavía, de aquellos que, diciendo que han descubierto «el verdadero sentido», se creen en la obligación de imponerlo a los demás. En estos casos el sentido puede convertirse peligrosamente en otro artefacto del mal. De ahí que una «pedagogía del sentido» tenga que ser compensada por una «pedagogía del deseo», una pedagogía que sea *herética y antiortodoxa*.[1] Porque hay que aprender que el sentido siempre es y debe ser revisable, hay que aprender que el deseo siempre va acompañado de desencanto.

La utopía, como todo lo que es producto humano, puede pervertirse. La utopía llega a ser peligrosa si se cree que ya se ha alcanzado y se impone unilateralmente. Es el caso de las «utopías positivas», que consisten en proponer un estado o un tiempo ideales que se han de alcanzar realmente, históricamente. Algo así siempre ha resultado, más pronto o más tarde, un peligro. En cambio, las «utopías negativas» resultan mucho menos «peligrosas». Éstas no proponen un paraíso que se ha de alcanzar, sólo nos dicen qué mundo no es conveniente que se logre. Una utopía negativa actúa a modo de horizonte, a modo de límite. No atenta contra la finitud estructural de los seres humanos.

* * *

1. A. M. Haas, «Deseo inextinguible», en *Viento de lo absoluto,* Madrid, Siruela, 2009, pág. 84.

7. El deseo

El principio esperanza se inicia con esta frase: «Comenzamos con las manos vacías».[2] Ernst Bloch parte de la idea de que hay algo no disponible, no determinable, no deducible a partir de la lógica de la historia. Lo que constituye a la naturaleza humana es la negativa a aceptar el mundo como algo ya acabado. El ser humano aparece como alguien capaz de desear, pues existe una diferencia radical entre lo que es y lo que puede llegar a ser. Él es el único que trasciende las circunstancias actuales y puede ir más allá de las condiciones que le dicta el mero presente.

Para Bloch, la utopía no se basa en la programación sino en el deseo. Desde el principio, el ser humano aparece como «deseante», como «buscador de algo», como «carente»: *comenzamos con las manos vacías*... Hay en cada uno un deseo de ser otro, de ser alguien distinto, de ser diferente. Existe el deseo de «ser algo por venir», de porvenir. Toda la existencia se encuentra atravesada, de cabo a rabo, por los sueños diurnos, por los pequeños sueños soñados despiertos que nos sirven de apoyo para el inconformismo. El deseo subsiste incluso cuando nada puede cambiar. El deseo siempre es deseo insatisfecho. Por eso es un deseo imposible, contra toda lógica, un deseo que no se acaba, que no se conforma con lo que consigue, que siempre aspira a más. No existe vida humana sin estos pequeños sueños soñados despiertos. Hay, en ellos, un deseo de viajar, de éxodo, de exilio. «El que sueña no queda nunca atado al lugar. Al contrario, se mueve casi a su antojo del lugar o de la situación en que se encuentra.»[3]

El ser humano no existe sin esperanza, porque no puede vivir sin el deseo de un mundo diferente, de un nuevo mundo, de un mundo mejor. Una humanidad sin esperanza estaría condenada a ser embaucada por los pragmáticos de turno, que invocan de forma fetichista la inmovilidad de las cuestiones de hecho, quienes, en definitiva, pretenden que la humanidad se doble desesperanzada ante la opacidad de la realidad vigente. Estos pragmáticos son incapaces de imaginar y analizar las posibilidades reales abiertas a la novedad.

2. E. Bloch, *El principio esperanza*, vol. 1, Madrid, Aguilar, 1977, pág. 3.
3. *Ibid.*, pág. 6.

Filosofía de la finitud

En una conferencia pronunciada en el mes de marzo de 1965 en el Instituto Alemán de Bruselas, Ernst Bloch sostiene que el auténtico futuro es aquel que nunca se ha obtenido, aquello que nunca fue. El mundo no es algo acabado, ya decidido y definitivo:

> Un mundo [...] en el que no se den las condiciones abiertas ni surjan condiciones nuevas para que brote algo nuevo, sería mucho peor que la locura, pues sería una locura completa y solitaria.[4]

En la filosofía de Bloch la esperanza está inseparablemente ligada a su concepción del ser humano. Para él la esperanza es la intención hacia lo que aún no ha llegado a ser, por eso resulta fundamental trabajar con la categoría de *posibilidad:* el ser humano fabula deseos y nada se dejaría remodelar de acuerdo con los deseos si el mundo estuviese terminado, integrado en hechos totalmente fijos, acabados del todo. El futuro no cae sobre los hombres como destino, sino que es el hombre quien cae sobre el futuro y entra en él con todo lo que es de él mismo, humano e inhumano.

Alguien sin deseo vive encerrado en sí mismo, en su facticidad, atrapado en su pasado. Como he dicho y repetido a lo largo de este ensayo, el ser humano es sus determinaciones, pero también hay que dejar muy claro que no es *sólo* sus determinaciones, sino también sus posibilidades, sus acontecimientos, sus novedades y sus contingencias. Es cierto que no podemos librarnos del pasado y que no es posible innovar a voluntad, que la vida es demasiado breve como para crear un mundo totalmente nuevo, libre del todo del mundo —de la gramática— que se ha heredado. Pero también es verdad que cada uno de nosotros puede abrirse a las posibilidades de un futuro no escrito, de un futuro imprevisible y, por tanto, siendo uno mismo, *ser otro*, diferente del que ya era. El ser humano tiene la posibilidad de negarse a aceptar el mundo tal y como se lo ha encontrado, como algo inmejorable. Por eso hay esperanza, porque existe la posibilidad

---

4. E. Bloch, «El hombre del realismo utópico», en *En favor de Bloch*, Madrid, Taurus, 1979, pág. 133.

de ser diferente, porque hay diferencia entre lo que se es y lo que se puede llegar a ser. Siempre existe la posibilidad de que una cosa llegue a ser otra diferente de la que es. El deseo es deseo de transformar el mundo que nos ha sido dado. A pesar de que la novedad nunca es absoluta, porque no hay nada absoluto en la vida humana, sí que existe la posibilidad de la diferencia y de la trascendencia. Desde este punto de vista, el deseo es profundamente crítico, es deseo de alcanzar un más allá de cualquier situación dada, por buena que pueda ser. Por eso es también deseo poético, porque el poeta pronuncia la palabra de la insatisfacción y de la esperanza.

7.2. Deseo y literatura

Para comprender el *espíritu* del deseo es imprescindible la dimensión poética, narrativa, literaria. Desde la perspectiva de una filosofía de la finitud éste es un punto esencial. El deseo se expresa literariamente. Veamos a continuación algunas razones para considerar la literatura como un elemento constitutivo del deseo.

En *primer* lugar, la literatura es una defensa de *lo singular*. En una utopía con rostro humano tiene que haber un lugar para el ser humano singular, con nombre y apellidos. Sin la literatura (o una determinada literatura) hablar o escribir sobre lo singular es imposible. *De singularibus non est scientia*.

En *segundo* lugar, la literatura es una defensa de *la excepción que no confirma la regla*, es una defensa del *límite* y de todo aquello que se sitúa más allá del límite, es una apología de *lo excluido*, de *lo marginal*, de lo que ha quedado fuera de los órdenes del discurso, de los marcos sociales, jurídicos y morales, de los convenios, de lo políticamente correcto.

En *tercer* lugar, la literatura describe lo más importante del mundo moderno: la «muerte de Dios», el *fin de la metafísica*, el *desencanto del mundo*. La literatura no tiene miedo de describir un «mundo en decadencia», un mundo en el que la salvación definitiva es imposible,

Filosofía de la finitud

un tiempo y un espacio que nos sitúan fuera del Paraíso y a las puertas del Infierno: aquel mundo completamente administrado. La literatura se atreve a mostrar la desorientación del hombre moderno, perdido en la gran metrópolis, un «mundo de atributos sin hombres», en el cual el lenguaje tecnológico lo domina todo y lo invade todo, un mundo en el que la masificación se ha apoderado de la vida cotidiana.

Finalmente, la literatura es capaz de la *crítica* más radical. Una crítica insaciable, infinita, que no se contenta con nada, que nunca llega a buen puerto. La literatura puede estar al servicio del poderoso, ciertamente, pero también puede convertirse en un arma para la insatisfacción.

Para una filosofía de la finitud un *espíritu literario* es la fuente de todo deseo. Si bien es pensable una literatura no utópica, resulta impensable una utopía sin literatura. El sentido de la literatura es, hoy más que nunca, la liberación de los ídolos. El ídolo es la negación de la interpretación. Un símbolo se convierte en ídolo en el momento el que pretende haber logrado el final de la interpretación, el sentido último. Pero en tal caso se habrá terminado el espíritu literario y se estará cruzando las puertas del infierno totalitario.

* * *

El deseo desaparece a menudo en el mundo moderno porque se tiende a separar la utopía de la finitud, porque la utopía se absolutiza. Se quiere una utopía sin deseo y sin desencanto, se cree —por decirlo *à la Beckett*— que Godot puede llegar algún día definitivamente o, en otras palabras, que Godot puede hacerse presente de una vez para siempre.

Creo que tanto *Esperando a Godot* como *Fin de partida* constituyen un magnífico ejemplo para expresar la crisis de las utopías en la modernidad, y, al mismo tiempo, son una muestra de la inagotable persistencia del deseo como una fuente de sentido o de sentidos, siempre vivos, siempre revisables...

Me gusta la idea de caracterizar a Samuel Beckett como un fenomenólogo de un mundo en decadencia. Beckett forma parte del

7. El deseo

conjunto de escritores del siglo XX que han descubierto algunas de las claves más significativas de la existencia humana. Pero descubrirlas no quiere decir resolverlas. En Beckett no se resuelve nada. Beckett muestra, Beckett experimenta y provoca una nueva experiencia en el lector, una experiencia radical. En el fondo de sus novelas y obras de teatro no hay tragedia, más bien lo contrario. A pesar de la aparente «desesperación» inicial, en *Esperando a Godot* late el deseo. Beckett opta por la vida, por la ironía, por la sonrisa.[5] Es cierto que su escritura es un camino hacia la pérdida y la degradación. Es aquí donde la finitud humana adopta su máscara más inquietante. El mundo de Beckett está vacío, sin ninguna posibilidad de trascendencia: «Algo sigue su curso», dice repetidamente Clov a las preguntas insistentes de Hamm, ciego y paralítico, en *Fin de partida*.

Mientras que en las novelas de Joyce las palabras parecen decirlo todo, en Beckett no dicen nada, no pueden decir nada. Beckett no sabe «cómo decir» (véase su poema del mismo título), lo único que sabe es que hay que continuar hablando, esperando contra toda esperanza, contra toda lógica, como es el caso del *Innombrable*. Hay que continuar hablando, hay que continuar esperando, porque el mutismo y la desesperanza significan la muerte.

El drama del *Godot* de Beckett es el de la comunicación, el del lenguaje. En su universo —que es el nuestro— el sujeto humano queda completamente disuelto, deformado. Pero en este universo también hay lugar para la sonrisa, y la utopía no queda excluida. Godot no llegará nunca porque la esperanza no puede consolidarse como única, sino que es necesario inventarla a cada momento. Por eso hay que continuar esperando a Godot.

---

5. Algo que está ausente en *Fin de partida*. Aquí el deseo se ha extinguido. No hay esperanza, ni sonrisa. Recuérdese tanto la primera acotación de la obra «Interior sin muebles», como las primeras palabras de Clov: «Acabó. Se acabó».

7.3. Hay que aprender a esperar

El deseo es una nueva muestra de la finitud. Si hay deseo es precisamente porque el ser humano es excéntrico, está inacabado, es provisional, porque está en trayecto, porque nunca tiene en sus manos las condiciones de su existencia, porque nunca puede innovar ni crear del todo, porque nunca puede realizar todos sus proyectos. Si hay deseo es porque el ser humano es el ser que se reconoce finito y quiere ser infinito, porque es el ser que se descubre mortal y quiere ser inmortal. El ser humano es un proyecto inacabable porque todo aquello que hace o desea es finito.

A menudo se ha utilizado la metáfora del *viaje* para expresar el trayecto de la existencia humana. Si hay viaje, si la existencia es un viaje, lo es porque la vida humana es transformación, y lo es porque es finita. Nos transformamos porque nunca estamos del todo acabados. Si fuéramos infinitos el presente se impondría de forma pastosa y la existencia sería insoportable. Podría parecer una paradoja, pero no lo es: la vida puede tener *un* sentido porque jamás tiene un *único* sentido, sino siempre sentidos diversos y diferentes o incluso contradictorios, y porque *todo sentido está amenazado por el sinsentido*. Es en estas contradicciones y transformaciones donde el deseo aparece con toda su fuerza e intensidad. Hay deseo porque nunca llegaremos a la meta de una vez para siempre. Cuando creemos haber llegado a buen puerto surgen el desencanto y la insatisfacción. No hay ningún puerto, ningún oasis que pueda saciar absolutamente los deseos humanos. La vida humana no consiste en encontrar la felicidad, sino en buscarla.

* * *

Hay que aprender a esperar.[6] Hay que educar la esperanza porque es raro que lo que un niño desea le llegue en el momento justo. El niño todo lo quiere tocar, todo lo quiere coger, quiere experimentar con todo lo que le rodea, posee una inmensa curiosidad y no sabe

---

6. E. Bloch, *El principio esperanza*, vol. 1, *op. cit.*, pág. 3.

7. El deseo

de qué. El niño siempre busca más, aunque no sabe qué busca. Por eso hay que educar el deseo, enseñar que nunca se cumple del todo y que, a pesar de esto, o quizá por esto, merece la pena continuar. Educar el deseo no quiere decir enseñar qué deseos son buenos o malos sino ayudar a mantenerlos vivos.

La vida humana atravesada por el deseo es incierta. Y esta incertidumbre nos revela una vez más la presencia inquietante de la finitud. Precisamente porque somos capaces de desear otro mundo, un mundo diferente al que nos ha sido dado, el tiempo y el espacio humanos surgen como un horizonte de incertidumbre. «El hombre es aquello que tiene todavía mucho ante sí», escribe Ernst Bloch.[7] Creo que Bloch tiene razón. Nos queda mucho por andar. Aún tenemos mucho que hacer por nosotros mismos y por los otros.

---

7. E. Bloch, *El principio esperanza*, vol. 1, *op. cit.*, pág. 240.

8. El silencio

> Pero las sirenas tienen un arma más terrible aún que el canto: su silencio. Aunque no ha sucedido, es quizás imaginable la posibilidad de que alguien se haya salvado de su canto, pero de su silencio ciertamente no.
>
> (Franz Kafka)

En los tiempos modernos la cuestión más importante es cómo hablar de lo que no se puede hablar. Ésta es la temática alrededor de la cual girará la obra de los filósofos, artistas e intelectuales de la Viena *fin-de-siècle*, entre los que se encuentra Ludwig Wittgenstein. La obra de Wittgenstein, la única filosófica que publicó en vida, el *Tractatus logico-philosophicus*, ha sido interpretada a menudo fuera del contexto en el que fue pensada: la Viena inmediatamente anterior a la primera guerra mundial.

Situados aquí, a principios del siglo xx, vemos cómo los intereses de Wittgenstein giran alrededor de la crisis del lenguaje. Al mismo tiempo, el imperativo con el que finaliza el *Tractatus*, «De lo que no se puede hablar, se debe guardar silencio»,[1] es una nueva muestra radical de una filosofía de la finitud humana, una filosofía que ha marcado buena parte de los debates contemporáneos. Pocas veces una frase de un filósofo ha hecho correr tantos ríos de tinta.

---

1. L. Wittgenstein, *Tractatus logico-philosophicus*, 7.

Filosofía de la finitud

8.1. *Ética y silencio*

De la misma manera que Hofmannsthal, Musil, Klimt, Rilke, Trakl, Mahler o Schönberg, Wittgenstein se da cuenta de la inutilidad del lenguaje en las cuestiones fundamentales de la vida. (La primera guerra mundial le acaba de confirmar esta intuición.) Este espíritu no sólo se encuentra en el *Tractatus* sino que ya se hallaba en su *Diario filosófico* (1914-1916) y reaparecerá en la *Conferencia sobre ética*, impartida en Cambridge el 14 de noviembre de 1929.

No hay que perder de vista el hecho de que, según señala el propio Wittgenstein en una conocida carta a Ludwig von Ficker, el objetivo del *Tractatus* es ético. Y es en esta misma carta donde Wittgenstein declara que le hubiera gustado incluir en el libro una frase que dijera: «Mi trabajo consta de dos partes: la que se expone, y la que no he escrito. Y esta segunda parte, la no escrita, es la más importante». Efectivamente, el interés ético de Wittgenstein queda fuera de toda duda, así como también el sentido último del *Tractatus:* mostrar los límites de la palabra humana, es decir, expresar una filosofía de la finitud. Porque lo que Wittgenstein nos enseña es que lo más importante en la vida es lo inexpresable, aunque esto no signifique que no se pueda transmitir. El silencio no es estar callado, ni permanecer mudo. El silencio muestra lo que es imposible decir. Y es éste el lugar de la ética. Por eso no hay teorías éticas, no hay libros de ética, no puede haberlos. Como dice en el *Tractatus*, la ética forma parte de «lo místico» *(das Mystiche)*. Lo místico se contrapone a lo lógico, como el silencio al lenguaje. La lógica habla del mundo, la ética no dice nada del mundo. La ética es trascendente al mundo. No pertenece a él.

Tanto la ética como la estética y la religión tratan de las cuestiones del sentido. La ética es la búsqueda del sentido último. El problema es que este sentido último queda fuera de los límites del lenguaje, de los límites del «decir» *(sagen)*. La ciencia no tiene absolutamente nada que decir ni que ver con el sentido de la vida y, por tanto, con la ética. De ahí la importancia del silencio y la necesidad de guardar silencio.

8. El silencio

Yo no puedo saber qué es algo fuera del mundo (por ejemplo, los valores), pero sí que puedo saber aquello que no es: no es nada de este mundo. Por eso, como acabo de indicar, Wittgenstein dice que la ética no pertenece al mundo y que no se puede expresar, porque es trascendente. Ante esto no queda más remedio que guardar silencio. El silencio es una obligación respetuosa, no desesperada ni escéptica. Hay que guardar silencio para poder vivir. Mientras que el positivismo lógico interpretaba el silencio del *Tractatus* en el sentido de que no hay de qué hablar, para Wittgenstein el silencio abre un ámbito diferente, el ámbito más importante, al cual hay que darle *otra voz*.

La ética es necesaria e imposible, imposible desde el punto de vista del lenguaje conceptual, del decir. La ética es una tarea trágica. Esta tragedia de la ética es una tragedia personal, como personal es siempre el sujeto que la protagoniza, el sujeto de la ética. Siempre que hablamos de ética hablamos en primera persona.

La ética no es la teoría del bien, sino la práctica de la felicidad, la respuesta al dolor, a la muerte, al drama de la vida…, a la finitud. Sin la finitud la ética no tendría razón de ser. Un ente capaz de configurar un mundo con palabras infinitamente, sin ningún límite, un ente que pudiera comprender conceptual y lógicamente el mundo y el más allá del mundo, su límite interno y su límite externo, en suma, un ser infinito sería un ente que se situaría fuera de la ética.

Aquello de lo que no se puede hablar es lo que resulta decisivo para la vida. Es más importante que todo lo que puede decirse. Querer hablar de lo que trasciende al mundo sería lo mismo que pretender manipularlo, analizarlo y conformarlo con categorías descriptivas, sería humanizar o antropomorfizar lo totalmente otro. El silencio, por tanto, es necesario, es un deber. La «metafísica» del *Tractatus* es una «poética del silencio».

La ética es posible desde el sentimiento, desde la intuición, desde el silencio. Lo místico comienza donde acaba la ciencia, y la filosofía es la actividad encargada de mostrar los límites entre ciencia y mística. La ciencia hace referencia a los hechos, al mundo, mientras que la mística apunta al sentido, a la trascendencia. Lo místico no nos dice cómo es el mundo, sino que el mundo es. Por eso encontramos en Wittgenstein un desprecio por cualquier teoría ética, estética o religiosa. No, no puede haber teoría ética, porque la ética escapa a los límites del lenguaje. La ética no se puede enseñar con razones, con conceptos La palabra ética es la palabra testimonial. La palabra ética es una «poética del testimonio».

8.2. *Las palabras del silencio*

Introducir el silencio en la palabra, en la expresividad humana, es abrir una hendidura que jamás podrá ser cerrada, que nunca podrá ser definitivamente clausurada. A estas alturas recordaremos de nuevo el aforismo de Wittgenstein al final del *Tractatus:* «De lo que no se puede hablar, se debe guardar silencio». Guardar silencio no es callar. El que calla no dice nada, mientras que el que guarda silencio dice lo que no puede ser dicho. Hay que añadir también que es necesario guardar silencio de lo que no se puede mostrar. Existe el silencio de lo que trasciende el decir, pero igualmente debe guardarse silencio de lo que trasciende el mostrar.

Más que decir, las palabras humanas *quieren* decir; más que mostrar, *quieren* mostrar. La palabra abierta al querer decir y al querer mostrar supone el silencio que nos recuerda que en el querer decir, y sobre todo en el querer mostrar, siempre hay una ausencia que nunca podrá (al menos en el límite) ni decirse ni mostrarse. Y en esta tensión entre la presencia y la ausencia se hace presente la finitud.

La modernidad ha impuesto el *ruido*. El único silencio que conoce y que tolera la sociedad de la comunicación es el de la avería, el del error de la máquina, el de la interrupción de la transmisión. La sociedad moderna ha prohibido el silencio. Recuperar la intensidad de la palabra —tanto su intimidad como su exterioridad— es darle la palabra al silencio. Hay que dejar que el silencio hable.

A menudo creemos que las palabras sirven para comunicarnos, pero, en realidad, la palabra no es un medio para la comunicación sino su obstáculo. Por eso la palabra necesita del silencio. En ocasiones, los instantes de silencio resultan ser los momentos más intensos de comunicación. Hay que aprender a hablar las palabras del silencio. El silencio y la palabra no son contrarios porque la palabra es un hilo que vibra en la inmensidad del silencio. A lo largo de una conversación el silencio es como la respiración entre las palabras, es el significado de las palabras no dichas, de las palabras imposibles de decir. El silencio es la palabra del rostro, de la mirada, del gesto, del tacto…

El silencio nos recuerda que nunca está todo dicho, que nunca se puede decir todo, que nunca hay nada del todo decidido, que la vida humana siempre significa *más*, que significa lo que no se puede decir. El silencio nos recuerda que las palabras dicen, pero también, especialmente, que las palabras muestran lo que no se puede decir y lo que no se puede mostrar. Para comprender esto hay que aprender a hablar las palabras del silencio, hay que aprender a hablar más allá de las fronteras de la palabra.

8.3. *Más allá de las fronteras de la palabra*

Las palabras se cortan. El lector debe aprender a leer en los espacios en blanco, en los vacíos que dejan los vocablos, en los márgenes… La música y la poesía conocen bien este silencio. Ambas son artes del silencio. Ésta es quizá la paradoja, sobre todo por lo que hace referencia a la *música*. Evoco en especial la música vienesa de principios del siglo XX, aquella que va desde las últimas obras de Gustav Mahler (en especial el cuarto movimiento de la *Novena Sinfonía*)[2] hasta las de Arnold Schönberg y Alban Berg. Podría mencionar las primeras piezas de Schönberg, *La noche transfigurada*, o *Pelléas y Mélisande*, o *Erwartung*, o el *Pierrot*, pero prefiero hacer una brevísima referencia

---

2. De hecho pienso en una secuencia mahleriana que iría desde el segundo movimiento de la *Octava Sinfonía*, pasando por el último *Lied* de *La canción de la tierra* («La despedida») y la totalidad de *Novena* hasta el adagio de la *Décima*.

a su ópera *Moses und Aron* (1930-1932).[3] Aquí Arnold Schönberg expresó magistralmente lo que intento decir.[4] Los primeros cuarenta segundos del *Moses* son un tratado sobre «las palabras del silencio». Por eso no puedo sino invitar al lector a que, si no lo ha hecho todavía, escuche estos primeros cuarenta segundos, detenga el disco, y después vuelva a comenzar, tantas veces como quiera. Más tarde, si resiste la emoción, al finalizar la obra escuchará el silencio de Moisés cuando reclama a Dios «la palabra que le falta», porque Moisés puede pensar pero no puede cantar, y la palabra que le falta es la palabra portadora de sentido, reveladora del Rostro del Absoluto.

Todo lo que Schönberg plantea en esta ópera gira alrededor de la posibilidad de expresar lo radicalmente otro —lo absoluto— y, por lo tanto, de superar los límites de la finitud. Mientras que Moisés —que puede pensar pero no cantar— encarna el deseo de lo infinito y la negativa a la imagen, Aarón simboliza todo lo contrario, porque sólo puede creer lo que es expresable en algún tipo de lenguaje. De ahí que el silencio desempeñe un papel fundamental, porque es a través del silencio —que no es mutismo— que se puede ir más allá de la finitud sin abandonar la finitud. Moisés necesita de Aarón para poder expresar sus pensamientos, pero Aarón traiciona el pensamiento de Moisés, lo «idolatriza». En este sentido, el segundo acto de la obra es excepcional. Se comprueba ahora cómo se construye un ídolo a par-

---

3. Schönberg comenzó a escribir *Moses und Aron* en 1930, en Berlín, y terminó el segundo acto en Barcelona en 1932. (Del tercer acto redactó la letra, pero sin música.) He utilizado la versión grabada en directo en la Ópera de Viena dirigida por Reto Nickler, editada en DVD por Arthaus Musik en el 2006.

4. «De este modo, *Moisés y Aarón* está temática y psicológicamente relacionada con todo un conjunto de obras en las que Schönberg buscó expresar su concepto altamente individual, aunque al mismo tiempo profundamente judaico, de la identidad, del acto de creación espiritual, y del diálogo —tan inherente a la música— entre el cantar del hombre y los silencios de Dios» (G. Steiner, *Lenguaje y silencio. Ensayos sobre la literatura, el lenguaje y lo inhumano*, Barcelona, Gedisa, 1994, pág. 151). Puede verse también E. Trías, *El canto de las sirenas. Argumentos musicales*, Barcelona, Galaxia Gutenberg, 2007, págs. 443s y L. Duch, «Entre música y palabra: Arnold Schönberg», en *Estaciones del laberinto. Ensayos de antropología*, Barcelona, Herder, 2004, págs. 261-301.

tir del oro del pueblo de Israel, y cómo este mismo pueblo lo adora. Moisés desciende del monte con las tablas de la Ley y se encuentra con el becerro de oro que Aarón ha construido. En este instante los hechos se precipitan y Moisés rompe las tablas. El pueblo de Israel se marcha al desierto con Aarón, y Moisés —solo— recita las que serán sus últimas palabras: «¡Oh palabra, tú, palabra, que me faltas!».

Si antes decía que hay un silencio del decir y un silencio del mostrar, o también que en el silencio hay que mostrar lo imposible de mostrar, la obra maestra de Schönberg expresa justamente esta paradoja. Una palabra que es capaz de mostrar lo totalmente otro sólo puede ser una palabra carente, una palabra no dicha, una palabra no mostrada. El silencio es la palabra que muestra lo radicalmente otro. Si la palabra es portadora de sentido no lo es por lo que dice o incluso por lo que muestra, sino sobre todo por lo que ni puede decir ni puede mostrar. El sentido de la palabra finita brota de la infinitud de sus interpretaciones porque, como escribió ya hace muchos años George Steiner:

> El más alto, el más puro alcance del acto contemplativo es aquel que ha conseguido dejar detrás de sí al lenguaje. Lo inefable está más allá de las fronteras de la palabra.[5]

La música se dibuja sobre el silencio, y necesita del silencio de la misma manera que la vida necesita de la muerte. Por eso la música es la mejor expresión de la vida. Como escribió Vladimir Jankélévitch, el silencio nunca es total, es, más bien, otra cosa que el ruido de las palabras, y la música es el silencio de las palabras, es la presencia que llena el silencio, es ella misma una forma de silencio. La música, sigue Jankélévitch,

> es una suerte de silencio, y se requiere silencio para escucharla: hace falta silencio para escuchar el melodioso silencio. Este ruido melodioso, mesurado, encantado que se llama música, debe estar circundado de silencio. La música impone silencio al ronroneo de las palabras...[6]

---

5. G. Steiner, *Lenguaje y silencio...*, op. cit., pág. 34.
6. V. Jankélévitch, *La música y lo inefable*, Barcelona, Alpha Decay, 2005, págs. 209s.

Telón:
El placer

> En los rituales eróticos el placer es un fin en sí mismo.
>
> (Octavio Paz)

En el juego entre lo visible y lo invisible, entre la presencia y la ausencia, el *eros* hace su aparición. El *eros* es la simultaneidad de lo clandestino y de lo descubierto que constituye lo equívoco. En esta intermitencia vive la esencia de lo erótico. La amada se retira, se oculta púdicamente a la mirada del amante. Sin ese ocultarse, sin ese pudor, el erotismo sería imposible. La pornografía es la ausencia de pudor. La amada nunca —en el erotismo— está del todo desnuda. Siempre persiste, pervive en el misterio de su ser, de su ser de otro modo, de su ser distinto.
 El *eros* trastorna la conciencia de uno mismo, la identidad. El *eros* es obsesión, anarquía y persecución de la conciencia que se identifica consigo misma, que se niega a la transformación y al cambio. Siguiendo los análisis de Emmanuel Levinas, diré que el *eros* no puede entenderse nunca como fusión, como unión, sino como diferencia y como deferencia. Si solamente hay diferencia sin deferencia, es imposible el *eros*. La amada nunca es poseída por el amante, nunca es su propiedad. En su ocultarse, la amada se oculta siempre como diferente. Y el *eros* es siempre una acción única, irrepetible. El amor erótico nunca es igual a sí mismo. Fluye, como el río de Heráclito, sin permanecer idéntico.

En el *eros*, la amada no puede englobarse ni poseerse. El *eros* es el fracaso de la posesión. Aunque propiamente no debería hablar de fracaso, porque en el *eros* no hay intento de posesión. El eros es caricia. Poseer al otro no es amarle sino amarme. Por ello el amor-posesión no es amor-erótico, porque éste es amor al otro, no amor a uno mismo. El *eros* está abierto, siempre abierto. Apertura polémica que se niega al acuerdo, a la reconciliación. Diálogo sin fin entre la amada y el amante. En el *eros* ambos sorprenden como radical novedad.

El otro aparece en el *eros* como un incesante nacimiento, siempre único, siempre distinto. Cada vez que se aman, los amantes descubren la multiplicidad de sus manifestaciones.

El cuerpo de la amada es materia que trasciende la materia. La amada es ojos, piel, labios, manos, vientre, pies, aliento... Aunque la amada aparezca siempre más allá de esos ojos y de esa piel. La amada es lo invisible que se da en lo visible, como una presencia y una ausencia al mismo tiempo. El *eros* no es la desnudez de los senos sino los senos visibles tras el velo del vestido. Lo erótico es la desnudez que se muestra y que se oculta. Es la intermitencia lo que es erótico, la de la piel que centellea entre dos prendas, entre dos bordes. La relación con la amada es erótica porque se oculta y se muestra, sin que esta dialéctica pueda ser superada. En la plena luz y en la absoluta oscuridad, el *eros* no puede manifestarse. Hay erotismo porque hay sombra.

La caricia es la expresión del *eros*. En el lenguaje de la pasión del cuerpo la caricia surge, de entrada, como un desvelamiento del otro, del otro que quizá se alcance alguna vez, o que quizá nunca llegue a alcanzarse del todo. Porque a medida que el placer se incrementa, a medida que el placer se hace más intenso, el cuerpo que abrazamos, que olemos, que tocamos, que acariciamos, se hace más y más inmenso.[1]
El abrazo corpóreo es el apogeo del cuerpo y, al mismo tiempo, su pérdida, y también la pérdida de la identidad. El yo se depone, renuncia a sí mismo. En el abrazo, en la caricia, el yo se desvanece. En el beso el amante se funde en la amada, la devora, la posee, pero, al mismo

---

1. O. Paz, *La llama doble. Amor y erotismo*, Barcelona, Galaxia Gutenberg, 1997, pág. 197.

tiempo, la distancia entre ellos parece infinita. Nunca se termina el festín del amor.

El amor no es amor al mundo o al cuerpo, sino de este cuerpo singular, insustituible. El amor y el erotismo siempre regresan a la fuente primordial de la vida, la sexualidad, al abismo sin fondo del que todo surge y al que todo regresa. Pero a diferencia de la sexualidad, amor y erotismo son relaciones corpóreas con el otro, que es otro y no otro cualquiera. El otro al que se ama es un otro único.

Posesión y desposesión, felicidad y fracaso, la ambivalencia de las relaciones humanas surge en todo su ímpetu, en toda su fuerza, en el abrazo de los amantes, de esos amantes que son irrepetibles. Parece que en ese abrazo el tiempo se desvaneciera, es como si el tiempo desapareciese, pero no es así. Tarde o temprano el tiempo surge de nuevo, inexorablemente, porque no hay remedio humano posible contra el tiempo, o al menos no lo conocemos. Entonces los amantes descubren que aunque en la caricia el tiempo no cuenta, Kronos regresará, interrumpirá el beso con su fuerza y les recordará que son seres finitos, frágiles y vulnerables, les recordará que viven a merced del cambio y de la transformación, de la caducidad y de la muerte.

Por ser tiempo y estar hecho de tiempo, el erotismo es simultáneamente conciencia de la muerte y tentativa de hacer del instante una eternidad. «No hay un instante que no pueda ser el cráter del Infierno. / No hay un instante que no pueda ser el agua del Paraíso», escribe Jorge Luis Borges en «Doomsday».[2]

¿Todos los amores son desdichados? Hay, qué duda cabe, una conciencia trágica en el fondo del amor, en su núcleo, porque estamos fabricados de tiempo y de espacio, y porque sabemos que no hay felicidad eterna y que todo placer es efímero: «Pasamos por delante de todo como un aire que cambia».[3]

---

2. J. L. Borges, «Doomsday», segundo poema de *Los conjurados*, en *Obra poética 3*, Madrid, Alianza, 1998, pág. 267.
3. R. M. Rilke, «Elegía segunda», en *Elegías de Duino*, trad. J. Talens, Madrid, Hiperión, 1999, pág. 27.

Filosofía de la finitud

En *La llama doble,* Octavio Paz nos recuerda que la palabra *pasión* significa sufrimiento y por extensión designa también el sentimiento amoroso. El amante descubre de repente que la amada se irá. Se irá quizá porque el amor ha cesado, porque el deseo ha desaparecido..., o sencillamente se irá porque ha muerto. Y el amante lucha contra el poder inexorable del tiempo, de la finitud, de la memoria, de la muerte... y pide a la amada que no le deje... Pero aun así, Kronos acaba siempre regresando, implacable, y los amantes no pueden sustraerse a su condición de seres mortales. Es su destino trágico.

En ese encuentro corpóreo los amantes ponen en juego sus vidas. Porque vivir es arriesgarse, porque la vida es un continuo riesgo, porque vivir es exponerse. Cuando se ama, cuando se ama hasta el límite, uno se sabe expuesto al dolor. El amor no puede vencer a la muerte, al tiempo, a la caducidad, pero es un reto a la muerte, al tiempo, porque los amantes son capaces de vislumbrar en el instante amoroso la eternidad. La eternidad es la ausencia de tiempo, y es esa eternidad, esa inmortalidad, la que los amantes descubren en el momento del amor: lo infinito en lo finito. Sin poder escapar a su condición finita, el acto amoroso, el beso, el mordisco, el aliento, sitúan a los amantes frente al infinito.

El encuentro específicamente humano entre los cuerpos es el que transforma el fondo animal originario, la fuente primordial de la vida, el sexo, en erotismo. El erotismo no busca la reproducción, la procreación. El erotismo busca el placer, el erotismo es juego.

Mientras el sexo es siempre el mismo, siempre es lo mismo, el erotismo es invención, variación incesante. Los comportamientos sexuales animales son siempre idénticos. El ser humano, en cambio, es un ser de transformaciones (aunque no de transformaciones absolutas). El ser humano transforma el sexo en juego, en erotismo. El erotismo rompe con la monotonía del acoplamiento animal. El erotismo es juego de los sentidos, de todos los sentidos. No es un juego genital. Es todo el cuerpo el que juega. Es una sinfonía de los sentidos. Un juego en el que las reglas no están nunca del todo establecidas, aunque existe una primordial: el máximo placer de uno es el placer del otro.

Por esta razón, porque en el diálogo de los sentidos el placer no se obtiene si el otro no lo obtiene también, el erotismo es ética. Diría que el erotismo es la fuente de la ética o, si se quiere, que la ética bebe en las fuentes, en los manantiales del erotismo. En el dar y darse del erotismo no solamente no está nunca ausente la ética sino que es primordial, es esencial.

No pretendo decir que el propio placer no sea importante, lo que digo es que el placer no es placer erótico si no es también e ineludiblemente el placer del otro. De ello saben bien los amantes. Sin la primacía ética del otro no hay erotismo, sólo sexo, puro sexo, un sexo que se compra y que se vende, que se intercambia, pero que no se juega, un intercambio comercial que no voy a juzgar, pero que tampoco me interesa. Es el intercambio que tiene lugar en el interior del círculo económico.

El erotismo es un juego, una estética de los sentidos. Y en la medida en que es un juego, cumple una serie de condiciones: que sus participantes jueguen libremente, que el objeto sea obtener placer, satisfacción, no ganar, no humillar al otro, y finalmente que tenga una duración limitada en el tiempo y en el espacio. Como todo juego, el erotismo comienza y termina.

El erotismo es la dimensión humana de la sexualidad, aquello que la imaginación añade a la naturaleza. Somos seres simbólicos, narrativos, gramaticales... Necesitamos inventarnos a nosotros mismos para seguir vivos, necesitamos contarnos historias para burlar, aunque sea momentáneamente, la presencia inquietante de la finitud. Y el erotismo, el juego de los sentidos, el juego *con* el cuerpo del otro y *en* el cuerpo del otro y *en* nuestro propio cuerpo, abre a los seres finitos un instante fugaz de inmortalidad.

La culminación del placer puede ser el grito, el orgasmo. Un grito indecible, como señala Octavio Paz, una sensación que pasa de la extrema tensión al más completo abandono y de la concentración al olvido de sí, reunión de los opuestos, durante un segundo: la afirmación del yo y su disolución, la subida y la caída, el allá y el aquí, el tiempo y el no tiempo...[4]

---

4. O. Paz, *La llama doble...*, *op. cit.*, pág. 107.

Filosofía de la finitud

En el orgasmo el tiempo desaparece. El orgasmo es místico. Pero el orgasmo es fugaz. La presencia de la finitud, de la caducidad, del envejecimiento, y también la ineludible ausencia del otro —porque tarde o temprano el otro se irá, como nos iremos todos—, surgen en el corazón mismo del grito, en el núcleo íntimo del orgasmo. Por eso el erotismo y el sexo, y también el amor, son inseparables de la muerte: *Eros* y *Thánatos*. Somos los hijos de Kronos, «los hijos del tiempo». Y Kronos, o Saturno, como en el cuadro de Goya, acaba devorando a sus hijos.

El placer es una de las respuestas que los «hijos del tiempo» hemos inventado para mirar de frente a la muerte, para tratar de burlarla, aunque sea un momento. En el instante de placer le robamos a Kronos algunos segundos en los que nuestra vida alcanza una plenitud que nos parece infinita. En el momento del orgasmo «los hijos del tiempo» se olvidan de que son mortales. Eso es el amor, eso es el amor erótico, eso es el dar y el darse del placer: el encuentro de ese instante fugaz en el que los hijos del tiempo desafían al tiempo.

Bibliografía

Adorno, T. W., «El ensayo como forma», en *Notas de literatura*, Barcelona, Ariel, 1962.
Agamben, G., *Idea de la prosa*, Barcelona, Península, 1989.
—, *La comunidad que viene*, Valencia, Pre-Textos, 1996.
—, *Homo sacer. El poder soberano y la nuda vida*, Valencia, Pre-Textos, 1998.
—, *Lo que queda de Auschwitz. El archivo y el testigo. (Homo sacer III)*, Valencia, Pre-Textos, 2000.
—, *Medios sin fin. Notas sobre la política*, Valencia, Pre-Textos, 2001.
—, *Infancia e historia*, Buenos Aires, Adriana Hidalgo, 2001.
Anders, G., *La obsolescencia del hombre*, 2 vols., Valencia, Pre-Textos, 2011.
Antelme, R., *La especie humana*, Madrid, Arena Libros, 2001.
Arendt, H., *La condición humana*, Barcelona, Paidós, 1993.
—, «Labor, trabajo, acción», en *De la historia a la acción*, Barcelona, Paidós, 1995.
—, «La crisis en la educación», en *Entre el pasado y el futuro*, Barcelona, Península, 1996.
—, *Eichmann en Jerusalén. Un estudio sobre la banalidad del mal*, Barcelona, Lumen, 1999.
—, *Los orígenes del totalitarismo*, Madrid, Alianza, 1999.
Ariès, P. y G. Duby, *Historia de la vida privada*, 5 vols., Madrid, Taurus, 2001.
Augé, M., *Las formas del olvido*, Barcelona, Gedisa, 1998.
Auster, P., *La trilogía de Nueva York*, Barcelona, Anagrama, 1986.

BÁRCENA, F., *La esfinge muda. El aprendizaje del dolor después de Auschwitz*, Barcelona, Anthropos, 2001.

—y J.-C, MÈLICH, *La educación como acontecimiento ético. Natalidad, narración y hospitalidad*, Barcelona, Paidós, 2000.

BARRET, C., *Ética y creencia religiosa en Wittgenstein*, Madrid, Alianza, 1994.

BAUMAN, Z., *La posmodernidad y sus descontentos*, Madrid, Akal, 2001.

—, *La sociedad individualizada*, Barcelona, Crítica, 2001.

—, *La cultura como praxis*, Barcelona, Paidós, 2002.

BECKETT, S., *Esperando a Godot; Fin de partida*, Barcelona, Barral, Labor, 1981.

BENJAMIN, W., «Experiencia y pobreza», en *Discursos interrumpidos I*, Madrid, Taurus, 1989.

—, «El narrador», en *Para una crítica de la violencia y otros ensayos. Iluminaciones IV*, Madrid, Taurus, 1998.

BERGER, P. y TH. LUCKMANN, *Modernidad, pluralismo y crisis de sentido. La orientación del hombre moderno*, Barcelona, Paidós, 1997.

BLOCH, E., *El principio esperanza*, vol. 1, Madrid, Aguilar, 1977.

—, «El hombre del realismo utópico», en *En favor de Bloch*, Madrid, Taurus, 1979.

—, «El hombre como posibilidad», en «Ernst Bloch. La utopía como dimensión y horizonte de su pensamiento», *Anthropos*, n.º 41, Barcelona, noviembre, 1993.

BLOOM, H., *Presagios del milenio*, Barcelona, Anagrama, 2001.

BLUMENBERG, H., *Arbeit am Mythos*, Frankfurt, Suhrkamp, 1984 (trad. cast., *Trabajo sobre el mito*, Barcelona, Paidós, 2003).

—, *Las realidades en las que vivimos*, Barcelona, Paidós, 1999.

—, *La legibilidad del mundo*, Barcelona, Paidós, 2000.

—, *La risa de la muchacha tracia*, Valencia, Pre-Textos, 2000.

BORGES, J. L., «Funes el memorioso», en *Ficciones*, Madrid, Alianza, 1994.

—, «Doomsday», segundo poema de *Los conjurados*, en *Obra poética 3*, Madrid, Alianza, 1998.

BROWN, P., *El cuerpo y la sociedad. Los cristianos y la renuncia sexual*, Barcelona, Muchnik, 1993.

BRUGÈRE, F., *Le sexe de la sollicitude*, París, Seuil, 2008.

Bibliografía

Butler, J., *Dar cuenta de sí mismo. Violencia ética y responsabilidad*, Buenos Aires, Amorrortu, 2009.
Canetti, E., *Masa y poder*, en *Obras completas I*, Barcelona, Galaxia Gutenberg, Círculo de Lectores, 2002.
—, «La profesión de escritor», en *La conciencia de las palabras*, México, FCE, 1994.
Cano, G., *Como un ángel frío. Nietzsche y el cuidado de la libertad*, Valencia, Pre-Textos, 2000.
Carnap, R., *Autobiografía intelectual*, Barcelona, Paidós, 1992.
Celan, P., *De umbral en umbral*, trad. J. Munárriz, Madrid, Hiperión, 1997.
—, *Poemes*, Barcelona, Ed. 62, Empúries, 2000.
Chalier, C., *Por una moral más allá del saber*, Madrid, Caparrós, 2002.
De Certeau, M., *La invención de lo cotidiano. I: Artes de hacer*, México, Universidad Iberoamericana, Instituto Tecnológico y de Estudios Superiores de Occidente, 2000.
Derrida, J., *Espectros de Marx*, Madrid, Trotta, 1995.
—, *Dar (el) tiempo*, Barcelona, Paidós, 1995.
—, *Fuerza de ley*, Madrid, Tecnos, 1997.
—, *No escribo sin luz artificial*, Madrid, Cuatro Ediciones, 1999.
—, *Dar la muerte*, Barcelona, Paidós, 2000.
Descartes, R., *Discurso del método; Meditaciones metafísicas*, Madrid, Espasa Calpe, 1980.
Duch, L., *Esperança cristiana i esforç humà*, Barcelona, Publicacions de l'Abadia de Montserrat, 1976.
—, *Mite i cultura. Aproximació a la logomítica I*, Barcelona, Publicacions de l'Abadia de Montserrat, 1995.
—, *Mite i interpretació. Aproximació a la logomítica II*, Barcelona, Publicacions de l'Abadia de Montserrat, 1996.
—, *La educación y la crisis de la modernidad*, Barcelona, Paidós, 1997.
—, *L'enigma del temps*, Barcelona, Publicacions de l'Abadia de Montserrat, 1997.
—, *Simbolisme i salut. Antropologia de la vida quotidiana 1*, Barcelona, Publicacions de l'Abadia de Montserrat, 1999.
—, *Llums i ombres de la ciutat. Antropologia de la vida quotidiana 3*, Barcelona, Publicacions de l'Abadia de Montserrat, 2000.

Duch, L., «El context actual del mite», en *Anàlisi. Quaderns de comunicació i cultura*, n.º 24, Barcelona, Universitat Autònoma de Barcelona, 2000.
—, *Armes espirituals i materials: Religió. Antropologia de la vida quotidiana 4.1*, Barcelona, Publicacions de l'Abadia de Montserrat, 2001.
—, *Armes espirituals i materials: Política. Antropologia de la vida quotidiana 4.2*, Barcelona, Publicacions de l'Abadia de Montserrat, 2001.
—, *La substància de l'efímer. Assaigs d'antropologia*, Barcelona, Publicacions de l'Abadia de Montserrat, 2002.
—, *Estaciones del laberinto*, Barcelona, Herder, 2004.
Ferrater Mora, J., *Diccionario de filosofía*, Madrid, Alianza, 1982.
Finkielkraut, A., *La humanidad perdida. Ensayo sobre el siglo xx*, Barcelona, Anagrama, 1998.
Foucault, M., *Vigilar y castigar*, Madrid, Siglo XXI, 1994.
—, «Entretien avec Michel Foucault», en *Dits et écrits (1954-1988)*, vol. 4, París, Gallimard, 1994.
—, *La voluntad de saber. Historia de la sexualidad 1*, Madrid, Siglo XXI, 1995.
—, *El uso de los placeres. Historia de la sexualidad 2*, Madrid, Siglo XXI, 1993.
—, *La inquietud de sí. Historia de la sexualidad 3*, Madrid, Siglo XXI, 1995.
—, *Nietzsche, la genealogía, la historia*, Valencia, Pre-Textos, 1997.
—, *Estética, ética y hermenéutica*, Barcelona, Paidós, 1999.
—, *El orden del discurso*, Barcelona, Tusquets, 1999.
Frisby, D., *Fragmentos de la modernidad. Teorías de la modernidad en la obra de Simmel, Krakauer y Benjamin*, Madrid, Visor, 1992.
Gadamer, H.-G., *Verdad y método*, Salamanca, Sígueme, 1997.
Geertz, C., *La interpretación de las culturas*, México, Gedisa, 1991.
Gellner, E., *Lenguaje y soledad*, Madrid, Síntesis, 2002.
Gilligan, C., *Une voix différente. Pour une éthique du care*, París, Flammarion, 2008.
Haas, A. M., *Viento de lo absoluto. ¿Existe una sabiduría mística de la posmodernidad?*, Madrid, Siruela, 2009.
Heidegger, M., *El ser y el tiempo*, México, FCE, 1977.
Hofmannsthal, H. v., *Carta de Lord Chandos y otros textos en prosa*, Barcelona, Alba, 2001.
—, *Poesía lírica*, Tarragona, Igitur, 2002.

Horkheimer, M., *Anhelo de justicia. Teoría crítica y religión*, Madrid, Trotta, 2000.
Jabès, E., *Del desierto al libro*, Madrid, Trotta, 2000.
Jamme, Ch., *Introducción a la filosofía del mito en la época moderna y contemporánea*, Barcelona, Paidós, 1999.
Jankélévitch, V., *La paradoja de la moral*, Barcelona, Tusquets, 1983.
—, *El perdón*, Barcelona, Seix Barral, 1999.
—, *La muerte*, Valencia, Pre-Textos, 2002.
—, *La música y lo inefable*, Barcelona, Alpha Decay, 2005.
Janik, A. y S. Toulmin, *La Viena de Wittgenstein*, Madrid, Taurus, 1998.
Jonas, H., *La religión gnóstica. El mensaje del Dios Extraño y los comienzos del cristianismo*, Madrid, Siruela, 1991.
—, *Pensar sobre Dios y otros ensayos*, Barcelona, Herder, 1998.
Joyce, J., *Ulises*, Madrid, Cátedra, 2001.
Kafka, F., *El castillo*, en *Obras completas I. Novelas*, Barcelona, Galaxia Gutenberg, Círculo de Lectores, 1999.
Kant, I., *Fundamentación de la metafísica de las costumbres*, Madrid, Espasa Calpe, 1977.
—, *Crítica de la razón pura*, Madrid, Alfaguara, 1978.
Kolakowski, L., *La presencia del mito*, Madrid, Cátedra, 1990.
Kouba, P., *El mundo según Nietzsche*, Barcelona, Herder, 2009.
Kundera, M., *Los testamentos traicionados*, Barcelona, Tusquets, 1998.
—, *La ignorancia*, Barcelona, Tusquets, 2000.
—, *El arte de la novela*, Barcelona, Tusquets, 2000.
Larrosa, J., *La experiencia de la lectura. Estudios sobre literatura y formación*, Barcelona, Laertes, 1996.
Le Breton, D., *Antropología del cuerpo y modernidad*, Buenos Aires, Nueva Visión, 1995.
—, *Rostros. Ensayo antropológico*, Buenos Aires, Letra Viva, 2010.
—, *El silencio*, Madrid, Sequitur, 2001.
—, «Lo imaginario del cuerpo en la tecnociencia», *Reis*, n.º 68, octubre-diciembre, 1994.
—, *Antropología del dolor*, Barcelona, Seix Barral, 1999.
—, *L'Adieu au corps*, París, Métailié, 1999.
Le Rider, J., *Modernité viennoise et crises de l'identité*, París, PUF, 2000.

LEVINAS, E., *Totalidad e infinito*, Salamanca, Sígueme, 1977.
—, *Dios, la muerte y el tiempo*, Madrid, Cátedra, 1994.
LYNCH, E., *El merodeador. Tentativas sobre filosofía y literatura*, Barcelona, Anagrama, 1990.
MAGRIS, C., *El anillo de Clarisse. Tradición y nihilismo en la literatura moderna*, Barcelona, Península, 1993.
—, *Utopía y desencanto. Historias, esperanzas e ilusiones de la modernidad*, Barcelona, Anagrama, 2001.
MARGALIT, A., *La sociedad decente*, Barcelona, Paidós, 1997.
—, *Ética del recuerdo*, Barcelona, Herder, 2002.
MARQUARD, O., *Felicidad en la infelicidad*, Buenos Aires, Katz, 2006.
—, *Adiós a los principios*, Valencia, Alfons el Magnànim, 2000.
—, *Apología de lo contingente*, Valencia, Alfons el Magnànim, 2000.
—, *Filosofía de la compensación*, Barcelona, Paidós, 2001.
MÈLICH, J.-C., *Antropología simbólica y acción educativa*, Barcelona, Paidós, 1996.
—, *Totalitarismo y fecundidad. La filosofía frente a Auschwitz*, Barcelona, Anthropos, 1998.
—, *La ausencia del testimonio. Ética y pedagogía en los relatos del Holocausto*, Barcelona, Anthropos, 2001.
—, *La lección de Auschwitz*, Barcelona, Herder, 2004.
—, *Ética de la compasión*, Barcelona, Herder, 2010.
METZ, J. B., *Dios y tiempo. Nueva teología política*, Madrid, Trotta, 2002.
MUGUERZA, J., «Las voces éticas del silencio», en C. Castilla del Pino (comp.), *El silencio*, Madrid, Alianza, 1992.
MUSIL, R., «La Europa desamparada o Un viaje por las ramas» (1922), en *Ensayos y conferencias*, Madrid, Visor, 1992.
—, *El hombre sin atributos*, 2 vols., Barcelona, Seix Barral, 2001.
—, *Las tribulaciones del estudiante Törless*, Barcelona, Seix Barral, 2002.
NEHAMAS, A., *Nietzsche, la vida como literatura*, Madrid, Turner, FCE, 2002.
NIETZSCHE, F., *El gay saber (o gaya ciencia)*, Madrid, Espasa Calpe, 2000.
—, *Aurora. Pensamientos sobre los prejuicios morales*, Barcelona, Biblioteca Nueva, 2000.
NUSSBAUM, M., *La fragilidad del bien. Fortuna y ética en la tragedia y la filosofía griega*, Madrid, Visor, 1995.

Nussbaum, M., *Justicia poética. La imaginación literaria y la vida pública*, Barcelona, Andrés Bello, 1997.
—, *El cultivo de la humanidad*, Barcelona, Andrés Bello, 2001.
Orwell, G., *1984*, Barcelona, Destino, 1994.
Ouaknin, M.-A., *Elogio de la caricia*, Madrid, Trotta, 2006.
—, *Méditations érotiques. Essai sur Emmanuel Levinas*, París, Balland, 1992.
—, *Les Dix Commandements*, París, Seuil, 1999.
—, *El libro quemado. Filosofía del Talmud*, Barcelona, Riopiedras, 1999.
Paz, O., *La otra voz. Poesía y fin de siglo*, Barcelona, Seix Barral, 1990.
—, *El arco y la lira*, Madrid, FCE, 1992.
—, *La llama doble. Amor y erotismo*, Barcelona, Galaxia Gutenberg, 1997.
—, *Los hijos del limo*, Barcelona, Seix Barral, 1998.
Platón, *Obras completas*, Madrid, Aguilar, 1979.
Plessner, H., *Conditio humana. Gesammelte Schriften VIII*, Frankfurt, Suhrkamp, 1983.
Reguera, I., *La miseria de la razón. El primer Wittgenstein*, Madrid, Taurus, 1980.
—, *El feliz absurdo de la ética. (El Wittgenstein místico)*, Madrid, Tecnos, 1994.
Ricœur, P., *La memoria, la historia, el olvido*, Madrid, Trotta, 2003.
Rilke, R. M., *Elegías de Duino*, trad. J. Talens, Madrid, Hiperión, 1999.
Rousselle, A., *Porneia. Del dominio del cuerpo a la privación sensorial*, Barcelona, Península, 1989.
Safranski, R., *Schopenhauer y los años salvajes de la filosofía*, Madrid, Alianza, 1998.
Schopenhauer, A., *Manuscritos berlineses. Sentencias y aforismos*, Valencia, Pre-Textos, 1996.
—, *Escritos inéditos de juventud*, Valencia, Pre-Textos, 1999.
—, *El mundo como voluntad y representación*, 2 vols., Madrid, FCE, 2003.
Semprún, J., *La escritura o la vida*, Barcelona, Tusquets, 1997.
Sloterdijk, P., *Eurotaoísmo. Aportaciones a la crítica de la cinética política*, Barcelona, Seix Barral, 2001.
Steiner, G., *Lenguaje y silencio. Ensayos sobre la literatura, el lenguaje y lo inhumano*, Barcelona, Gedisa, 1994.
—, *Pasión intacta*, Madrid, Siruela, 1997.
—, *Nostalgia del Absoluto*, Madrid, Siruela, 2001.

STEINER, G., *Gramáticas de la creación*, Madrid, Siruela, 2001.
STUCKENSCHMIDT, H. H., *Schönberg. Vida, contexto, obra*, Madrid, Alianza, 1991.
SUCASAS, A., *El rostro y el texto. La unidad de ética y hermenéutica*, Barcelona, Anthropos, 2001.
TALENS, J., *El sujeto vacío*, Madrid, Cátedra, 2000.
TAYLOR, M. C., *Después de Dios*, Madrid, Siruela, 2011.
TILLICH, P., *Teología de la cultura y otros ensayos*, Buenos Aires, Amorrortu, 1974.
—, *Teología sistemática*, 3 vols., Salamanca, Sígueme, 2006.
TODOROV, T., *Memoria del mal, tentación del bien. Indagación sobre el siglo XX*, Barcelona, Península, 2002.
TORNER, C., *Shoah. Una pedagogia de la memòria*, Barcelona, Proa, 2002.
TOULMIN, S., *Cosmópolis. El trasfondo de la modernidad*, Barcelona, Península, 2001.
TRAVERSO, E., *L'histoire déchirée*, París, Cerf, 1997 (trad. cast., *La historia desgarrada. Ensayo sobre Auschwitz y los intelectuales*, Barcelona, Herder, 2001).
TRÍAS, E., *El canto de las sirenas. Argumentos musicales*, Barcelona, Galaxia Gutenberg, 2007.
TRONTO, J., *Un monde vulnérable. Pour une politique du care*, París, La Découverte, 2009.
VEGA, A., *Tres poetas del exceso. La hermenéutica imposible en Eckhart, Silesius y Celan*, Barcelona, Fragmenta, 2011.
WEINRICH, H., *Leteo. Arte y crítica del olvido*, Madrid, Siruela, 1999.
WETZ, F. J., *Hans Blumenberg. La modernidad y sus metáforas*, Valencia, Novatores, 1996.
WITTGENSTEIN, L., *Diario filosófico (1914-1916)*, Barcelona, Ariel, 1982.
—, *Tractatus logico-philosophicus*, Madrid, Alianza, 2010.
—, *Movimientos del pensar. Diarios (1930-1932/1936-1937)*, Valencia, Pre-Textos, 2000.
WOOLF, V., *Las olas*, Barcelona, Lumen, 2010.
YERUSHALMI, Y. H., *Zajor. La historia judía y la memoria judía*, Barcelona, Anthropos, 2002.
ZWEIG, S., *El mundo de ayer*, Barcelona, El Acantilado, 2001.
ŽIŽEK, S., *Mirando al sesgo*, Buenos Aires, Paidós, 2000.

Índice onomástico

Adorno, T. W. 22s 23[1] 108
Agamben, G. 32 32[11] 57
Anders, G. 47[6]
Antelme, R. 73s 74[21]
Arendt, H. 30 76-78 76[26] 77[29] 78[30] 107[8] 109 109[11-12] 110[13]
Aristóteles 62s

Bacon, F. 63
Bauman, Z. 28[8]
Beckett, S. 122s
Benjamin, W. 72-74 73[20] 74[22]
Bentham, J. 115
Berg, A. 131
Berger, P. 52 52[12]
Bloch, E. 117 119[2] 120 120[4] 124[6] 125 125[7]
Blumenberg, H. 58-60 58s[3-5]
Borges, J. L. 81 81[3] 137 137[2]

Canetti, E. 11 13 48 48[7] 51 51[10] 78 78[31]
Celan, P. 29 97-100 99[7]

Derrida, J. 13 61 86 92 92[1] 101 101[9]
Descartes, R. 63s 67 87
Duch, L. 49[9] 54 54[14] 58[4] 77[28] 87 87[8] 132[4]

Finkielkraut, A. 109[11]
Foucault, M. 70s[19] 114[19] 115s 115[22]

Gadamer, H.-G. 57 57s[1-2] 62s 62s[10-12] 68 68[17]

Haas, A. M. 85[7] 118[1]
Habermas, J. 75
Heidegger, M. 29
Heráclito 13 98 135
Hofmannsthal, H. von 106 106[6] 128
Horkheimer, M. 84 84[6]

Jamme, Ch. 59[4]
Jankélévitch, V. 133 133[6]
Joyce, J. 17 106 123

149

Kafka, F.   105   108   109[10]   110-114   111[14]   113[18]   127
Kant, I.   64-66   65s[14-15]   71   87
Klimt, G.   128
Kouba, P.   66[15]
Kundera, M.   82[4]   105[3]   111[15]   112s   112[17]   114[20]

Lanzmann, C.   32[12]
Leibniz, G. W.   64
Levi, P.   91   108
Levinas, E.   54s   54[15]   96[5]   135
Luckmann, Th.   52   52[12]

Magris, C.   89   90[11]   107[7]
Mahler, G.   128   131
Marquard, O.   30   35   43[1]   46   46[3-4]   59   59[7]
Montaigne, M. de   13   64   87
Musil, R.   47   47[5]   103-106   104[1-2]   105s[4-6]   108   114   128

Nehamas, A.   66[16]
Nestle, W.   59
Nietzsche, F.   13   51   66   66[16]   88   88[9]   106

Orwell, G.   36

Parménides   16
Pascal, B.   60
Paz, O.   89   89[10]   97   97[6]   135   138s   138[4]
Platón   23   62
Plessner, H.   24[4]

Proust, M.   84s
Rawls, J.   75
Ricœur, P.   84[5]   86
Rilke, R. M.   30   30[9]   43s   44[2]   128   137[3]
Rousseau, J. J.   87

Safranski, R.   66   66[15]
Schönberg, A.   128   131-133   132[3-4]
Schopenhauer, A.   13   66[15]
Semprún, J.   80[1]
Sloterdijk, P.   24   24s[5-6]
Steiner, G.   60s   60[8-9]   132s[4-5]   133

Tales de Mileto   59[5]
Taylor, M. C.   53[13]
Tillich, P.   21   28   28[7]   103
Toulmin, S.   64   64[13]
Trakl, G.   128
Traverso, E.   108s   108[9]
Trías, E.   132[4]

Vega, A.   99[8]

Weinrich, H.   79   81   81[2]
Wetz, F. J.   58[3-4]
Wittgenstein, L.   11   13   32   32[10]   93s   94[2]   127-130   127[1]
Woolf, V.   13   18

Žižek, S.   112   112[16]
Zweig, S.   106[6]